多文化共生をどう捉えるか

刊行に寄せて

宇都宮大学国際学部長　佐々木　一隆

宇都宮大学国際学部は、１９９５年４月に第１期生を受け入れて以来、地元の栃木県をはじめとして学生は全国から集まり、一般入試と推薦入試の合格者に加えて帰国生・社会人・私費外国人留学生も受け入れ、教員集団も多国籍であるため、発足当初より多文化共生社会の縮図と言える組織であった。２０１６年には国立大学として初めての外国人生徒入試を実施して、外国にルーツを持ちながらも日本の学校で学修してくる生徒を受け入れ始めたことにより、多様性を尊重する組織としての特徴はさらに高まった。

このような状況下で、国際学部は２０１７年４月に学科統合の改組を行い従来の国際社会と国際文化２学科から国際学科１学科の体制となり、多文化共生の専門知識の教授を前面に打ち出すこととなった。多文化共生とは、概略、国籍や民族などの異なる人々が、互いの社会的・文化的違いを認め合い、地域の構成員として共に生きてゆくことを意味する。生まれ変わった国際学部では多文化共生実現のために国内外で活躍する21世紀型グローバル人材の育成をめざしている。本書は、こうした多文化共生に関するメッセージを国際学部と留学生・国際交流センターの全教員がそれぞれの専門に引き付けて発するものである。

改組2年目の2018年度には教育プログラムに大きな展開が見られる。なぜなら、多文化共生の専門知識の深化を図り卒業研究に至る「グローバル専門科目」が本格的に開講され、コミュニケーション能力や海外での行動力を養成する「国際キャリア教育」と外国語運用能力の向上をめざす「専門外国語教育」が充実するからである。「グローバル専門科目」は、アジア太平洋文化社会、欧米文化社会、日本文化社会、比較文化社会、言語・コミュニケーション、国際協力、国際共生の7領域に及び、国際性と学際性を保証する。

「国際キャリア教育」ではグローカル・グローバルな諸課題を扱う研究演習を立ち上げ、必修の「グローバル実践力基礎演習」の新規開講とともに、国際学部にふさわしいアクティブ・ラーニングを提供する。「専門外国語教育」では「英語＋1言語」を必修とする伝統を継承しつつ、英語、フランス語、中国語、朝鮮語、スペイン語については「外国語能力強化プログラム」を新設し、さらにドイツ語、ロシア語、タイ語、ポルトガル語を学べる科目も用意している。「国際キャリア教育」と「専門外国語教育」は連携して国内外のフィールドワーク、海外体験、協定校への留学などを促進しており、多文化共生の実現に向けてグローバルな実践力を備えた人材の育成は着実に進んでいると言える。

多文化共生を語るには、昨年度に創設10年目を迎えた国際学部附属多文化公共圏センターの各種事業を外すことはできない。グローカルな連携交流として日光や益子プロジェクト、福島原発震災に関する研究フォーラム、HANDSプロジェクトと外国人児童生徒教育推進協議会などが開催され、グローバルな連携事業としては難民問題とグローバル教育、中東理解連続セミナーなどが開講され、国際学部の教育研究との結びつきは年々高まっている。

2014年11月に下野新聞新書として『世界を見るための38講』が刊行されて3年ほどが経過した昨年、前学部長の田巻松雄教授が本書の企画を提案した。『38講』に続く学部編による新書出版を私も望んでいた時に、まさにタイムリーでありがたい提案となった。編集は田巻教授に立花有希と出羽尚の若手教員が加わり3人で行われた。エッセイもコラムも3人がすべての原稿に目を通して丁寧にコメントする形で作業が進み、寛容にも私の遅筆に耐えながら、短期間で編集を完了したことに敬服と感謝の意を表したい。組織的な研究が求められている昨今において、本書がその一つの重要な役割を果たして国際学部がさらに前進できたことを大変嬉しく思う。そして年度末・年度始めの多忙時にもかかわらず原稿を作成・修正してくださった執筆者の皆様に心より感謝申し上げたい。

目次

B. 心理・教育・情報・文化

C. 経済・環境・開発・政治

2. 多文化共生を国際的に考える

はじめに

田巻　松雄

本書は、宇都宮大学国際学部32名の教員と留学生・国際交流センター2名の教員が、それぞれの専門に引き付けて多文化共生について語ったエッセイをまとめたものである。多文化共生を統一的なテーマに据えたのは、２０１7年４月から国際学科1学科として新しい一歩を踏み出した国際学部が、学部教育の目標を「多文化共生に関する体系的な学び」に置いたことによる。多文化共生を学部の教育目標に位置付けたことで、すべての教員が例外なくそれぞれの専門に引き付けて多文化共生を語らねばならなくなった！　本書は、新しい国際学部の一歩を発信するものである。

ところで、このような組織改編を大学用語では「改組」というが、改組の準備に数年を要した。この間、国（文部科学省）からの高等教育に対する「グローバル人材」育成への強い要請とミッション再定義があった。この間の経緯を少し振り返りたい。

２０１０年以降、高等教育における「グローバル人材」の育成が急務であると主張する国レベルの報告書がいくつか刊行された。国の「グローバル人材」育成論は、日本経済の停滞と日本企業の海外競争力に対する強い危機感を反映しているために、「グローバル人材」育成の必要性を、専ら日本企業のグローバル化を担う「外向き」の人材という文脈で語り、英語教育の充実や海外留学体験の推進を強く求めるものであった。

ミッション再定義は、すべての国立大学の学部教育のミッション（社会的使命）を再定義する作業である。「グローバル人材」育成の追い風もあり、文科省とのやり取りでは、英語教育のレベルや海外留学達成度等が鋭く問われた。

しかし、英語や海外留学だけを学部の主要な教育目標にすることは避けねばならなかった。やや乱暴に言ってしまえば、「グローバル人材」に必要な英語や海外留学は学問的な専門性とは関係がない。また、この点を「売り」にしてしまえば、国内の100を超える国際系の学部・学科と差異化を図れないことになる。社会科学と人文科学の専門分野をベースにした学際的な教育研究を特色とする宇都宮大学国際学部の性格をどのように整理し発信するか、ミッション再定義はこの点をめぐる攻防であった。

こうして、最終的に、「外国語教育の充実を図る」と同時に、「国際社会及び地域社会の多文化共生に関する学際的研究を一層推し進めること」が我々のミッションとして再定義されたのである。

共生という用語が文化や民族概念に結び付けられるようになるのは、主に南米系ニューカマーの外国人が増加し始める1990年代に入ってからのことである。1996年に開設された国際学部は、まさに多文化共生の時代を一緒に生きていたことになる。多文化共生という言葉は、曖昧な面もあるが、汎用性は高く、内容豊富な概念に構築出来る可能性を大いに秘めている。

本書は、エッセイ31篇と8つのコラムから構成され、第1部と第2部の計6章に分けられる。第1部は学問分野ごとに構成し、それぞれの学問がどのように多文化共生と関わるのかが考察される。第2部は個別の事例を扱ったエッセイを地域ごとに構成し、多文化共生に関わる世界各地の事例が紹介される。コラムは各章の間に配置され、国際学部が、独自な理念に基づいて実践してきた教育プログラム、入試、社会活動などについて紹介したものと、栃木県の各地域を題材としたものである。前著ともいえる『世界を見るための38講』のコラムとの重複は避けたので、両方のコラムを合わせて読んでいただけると、学部の独自な理念と取り組みが総体的に理解されるだろう。

では、多文化共生をめぐる旅へ！　出来れば、各エッセイについて、地球上のどの地域のどのようなテーマに向き合っているエッセイなのか、意識して読んでいただきたい。この本の流れに沿って、多文化共生をめぐる様々な物語とともに地球を歩いていけるかもしれない。

1．多文化共生を学際的に考える

A．言語・文学

多文化共生にモノリンガリズムは似合わない

吉田　一彦

この星のどこかの国で《多文化共生》を意味する表現が使われだし、ときには流行語にもなり、人の善意や良心がかたちになったものだとか、社会の中で成し遂げるべき改善だとして語られるようになり、30年ほどの月日がたった。仮にその国をN国と呼び、そこで起きるかもしれないことを想像してみよう。

この概念の出現にもかかわらず、N国民一般に根強くある信条が言い表わされるときには、《わがN国民はおおむねN民族である。N民族はN語を母語とするので、社会全般N語を話すことで回っている。N文化の担い手は他の誰でもなくN民族である》と、共通に「N」がついた言葉がいくつも使われる。それだけではない。他の国も自分の国と大差ないだろうと思うのか、どこの国にも、《X国》、《X民族》、《X語》、《X文化》の間に同じ関係が成り立っていると信じて疑わない。

N国では、《多文化共生》は30年過ぎた今でも目新しさを感じさせる。なぜなら、歴史の記録を見るかぎりそれが叫ばれる社会状況は一度たりとも生じなかったが、近年になって日常の中にN国起源でないさまざまな人や物が目立つようになってきているからである。地域社会の外国にルーツのある住民のためのN語教育がさかんだが、コミュニケーションの断絶が解消されてはいない。そんな問題があるからか、少なからぬ数の学校がこの《多文化共生》に関わる専門的で体系的な教育を標榜するコースを設置するようになった。

N国も世界の主要国の例に漏れず、他国からなるべく多くの留学生を受け入れることで、世界に貢献し、国の威信を世界に示そうとする。

N国では教育にも当然のごとくN語が選ばれる。N語によって情報伝達・意見交換・意思決定がもっとも効率が上がるのだから、それは理にかなったことである。また、教育の場では、国際共通語として使用頻度の高いU語の学習が強く推奨される。しかし、「U語ってこう使えるから便利なんだ！」と気づく機会がカリキュラムの中にはない。ただ繰り返し「U語は大事」、「U語能力の獲得がキミの人生を好転させる」と喧伝されるだけ。当然、教師も学生も、用を済ますのにあえてU語を使うといったしち面倒くさいことは避ける。上達を心から願う人さえも、U語で話が通じる人と会う機会があっても、学んできたU語が役立つかもしれないとは考えず、そう考えないことを「シャイだから」と説明する。

そんなN国に来る留学生たちはどうか。N語もU語も、自分の国に留学経験や研究の成果を伝えるのに役立つならマスターを目指す、そうでなければ熱心に学ぶことはない。

N国のような言語使用状況は「モノリンガリズム」と呼ばれる。ことわっておくが、-ismで終わる語が「○○主義」と訳された場合のように《一個の言語のみを使用すべし》という主張があるのではない。単に一言語のみを使用する状況・事実を言う。同様に、「バイリンガリズム」は、単に二つの言語を使用することで成立する。「星のもとに生まれる」ことは必要条件ではない。誰でも自由意志によって「バイリンガル」になるのである。

日本に留学してくれて私とも親しくなった知人たちの言語生活を紹介する。「多文化共生に関わる専門的で体系的な教育」を標榜するN国の大学のコースに3人が留学した、と想像してみてほしい。

⑴Bさん。モーリタニア南部のセネガル川流域に生まれ、プラー語を母語とする。家を一歩出ればそこで支配的なアラビア語ハッサニア方言を使わなければ社会生活は成り立たない。ハッサニア方言は正則アラビア語とも通訳が必要なほどに異なっている。小学校に入ると同時に正則アラビア語とフランス語を学び始め、大学まで両言語で授業を受ける。その後、シリアの大学に留学し、将来の使用を見込んで英語を英文学とともに学び、生活の中でアラビア語シリア方言をマスターする。日本に留学してから日本語を学び始め、周りの人とは日本語で話をする。農学の研究活動は主に英語を使って行う。

(2)Aさん。ジャカルタで、西ジャワ語を話す家に生まれる。母語は何であれ社会生活全般にはインドネシア語を使わなければならない。進学した大学では研究のために英語を使い、学生生活にはキャンパスがある地域の言語、スンダ語を使う。日本に来てからは、友だちの母語だからという理由で日本語と中国語をよく使うようになった。

(3)Mさん。南フランスに生まれ、地域の言語であるフランス語と、家族が属するモロッコ系のコミュニティの言語であるベルベル語の二つを母語として育つ。10代のときに中部モロッコへ家族とともに移住し、その地域のアラビア語方言とベルベル語方言を使うようになり、後にアラビア語を母語とする女性と家庭を持つ。大学で学んだ英語と日本に来てから学んだ日本語を使って建築分野の専門研究と実務を行っている。もちろん、イスラム教徒として正則アラビア語も使用する。

三人には共通だが、N国民が自身の日常生活の中で経験し難いことは何だろうか。それは、第一に、使用した言語の数を超える数の異なる文化と、時に担い手として、時に隣人として接しつつ生きてきた経験の豊かさであり、第二に、同じ社会の中で共存する支配的な他者の都合に合わせて、社会生活を成り立たせるために必ずしも得意でない複数の言語を使い続けてきたことである。彼らは自分の母語で話してくれと他者に求めることもなく、本当にシャイであってもそれを理由に不得意な言語でのコミュニケーションを拒むことは許されなかった。そんな3人が新たに学べることなどあるのだろうか？ そうN国民の教師も学生も一度は真剣に考えてみてよいだろう。

彼らに教えてあげられることを見つける前に、彼らに学べることに気づかされるかもしれない。それは、支配的なモノリンガリズムから抜け出さなければ気づけないような側面が《多文化共生》にはあるということであり、母語と同じ社会に生きる他者の言語との、あるいは、母語とU語とのバイリンガルとして意識的に生きることによって、確実に他者の理解に近づけるということでもある。

モノリンガリズムは、多文化共生を不可能にしないが、似合ってもいない。

多文化社会を先取りする文学

丁　貴連

2017年度ノーベル文学賞を射止めたのは、ここ数年有力候補として毎年名前が取りざたされる村上春樹ではなく、長崎出身の日系英国人作家のカズオ・イシグロである。受賞を待ち望んでいた春樹ファンにとっては残念な結果となったが、留学を契機に二十数年前から移民や難民、亡命などの背景を持つ作家の作品を愛読していた一人として、私は今回の受賞が世界に投げかけた意味は深いと思う。

イシグロは、5歳の時に海洋学者の父の仕事の関係でイギリスに移住した日本にルーツを持つ越境

（移民、ディアスポラ）作家である。それ故に受賞の決まった直後、人々は彼の文学世界よりもその出自に関心を示した。ある人はイシグロを日本人だと言い、ある人は日本人ではないと反論した。また、日本人なのかイギリス人なのか、よく分からないと答える人もいたが、イシグロ自身は受賞インタビューで「私の一部は日本人なのです」と日本で生まれ日本人の両親のもと英国で育った自身の出自を認めている。

しかしながら、彼の作品世界は日本を舞台にした初期の２作を除く、いわゆる越境作家が自分の生まれ育った土地の価値観と移り住んだ地域のそれとの間で感じる違和感や葛藤、苦悩を描くというようなものとは一線を画している。中でも、イシグロの名を世界に広めた『日の名残り』（１９８９）は、「もし私が偽名を使って、表紙を飾る写真を別の人にすれば、『日本の作家を思わせる』などという読者は誰もいないだろう」とまで言い切っているほど、「超イギリス的」な作品に仕上げ、35歳の若さで英語圏最高の文学賞とされるブッカー賞を受賞し、イギリスを代表する作家となったことは周知の事実である。

イシグロのブッカー賞受賞を契機に、移民の背景を持つ作家たちが世界の文壇で脚光を浴びるようになったことは注目に値する。思えば１９９２年にセイロン出身カナダ人マイケル・オンダーチェが同賞を取ったのに始まり、１９９５年には韓国系米国人チャンネ・リーがヘミングウェイ賞など米国内の権威ある文学賞をさらっている。１９９９年には中国系米国人ハ・ジンが全米図書賞を取り、

２０００年には同じく中国出身フランス国籍の高行健がノーベル文学賞に輝いている。

労働移民を積極的に受け入れ、いち早く「多文化主義」政策をとっていた英語圏やドイツ語圏、フランス語圏といった欧米文学圏だけではない。移民受入国ではない日本でも、米国人リービ英雄が１９９２年に野間文芸新人賞を受賞したのを皮切りに、アレックス・カー、デビット・ゾペティ、アーサー・ビナード、楊逸、シリン・ネザマフィらが新潮学芸賞（１９９４）、すばる文学賞（１９９６）、中原中也賞（２００１）、芥川賞（２００８）、文学界新人賞（２００９）といった文学賞を次々と受賞していたのである。いずれも日本語を母語としない外国出身の作家だという点において注目を集めたが、中でも楊逸の芥川賞受賞は、増え続ける外国人を巡る日本社会の動きと決して無関係ではない。

１９８７年、中国のハルビンから来日した楊逸は留学を契機に日本に定住した典型的なニューカマーである。ニューカマーとは旧植民地からの移民やその子孫と違って１９７０、８０年代くらいの比較的新しい時期に出稼ぎや結婚、留学などのために日本にやってきた、いわば自らが望んで日本に住むようになった人たちを指す。１９８０年代末頃から増えはじめ、とりわけ経済のグローバリゼーションによってヒトやモノ、カネの移動が著しく動き出した１９９０年代に一気に増加し、楊逸が芥川賞を受賞した２００８年当時日本には２０２カ国・地域から来日した２２１万人の外国人が暮らしていた。

しかし、文化や習慣、考え方の異なる外国人との共生は容易ではなく、東京都をはじめ多くの外国人をかかえる地方自治体は職場、学校、地域社会、家庭などあらゆる分野においてその対応に迫られた。多文化社会のあり方をめぐるシンポジウムや研究会、フォーラムが開かれ、「多文化」という冠を付けたセンターやプロジェクトが各地に立ち上がった。その結果、1990年代後半には外国人と共生する社会を如何に築くかという課題が多くの地方自治体によって重視されるようになったが、それと連動するように、外国人作家による文学への関心も高まっていたのである。

周知の如く、日本は移民（難民）政策をとらず、つい数年前まで単一民族の神話が幅を利かせていた国なのである。しかし、すでに1970年代から作品を発表していた在日朝鮮人など旧植民地出身者とその子孫に加え、1980年代以降に来日したニューカマーたちも文学作品を発表し、彼らの視点から見た日本を描き、まだ不可能に見えた「多文化社会」のあり方を提示していた。ようやく社会の現実が、フィクションが提示した可能性に近づいてきたと言えるかもしれない。そこに楊逸も加わったのである。

彼女の作品の興味深い点は、在留外国人全体の30％を占めながらも、その実態が知られていなかった在日中国人の視点を浮き彫りにしていたことだ。無能力な前夫から逃げるために好きでもない日本人男性と結婚し姑の面倒を見ながらお見合いツアを仕切る王愛勤（『ワンちゃん』2007）、民主化運動に理想を見出しながらも挫折し中国残留孤児の娘と結婚して日本に移住した不器用だが真面目な若者梁浩遠(『時が滲む朝』2008)、日本に嫁いだ娘の出産を助けるために来日した林玉玲『金魚生活』2009)、学費のために高級すき焼き屋でアルバイトをする虹智(『すき・やき』2009)といった登場人物たちが、周囲の社会や人々の様子を観察し、異文化に暮らす自分たちの奮闘や不安、そして偏見を語っている。読者は、これらの登場人物の視点を通して、彼らが住む日本の現実は無論、彼らの出身地の文化をも知ることができる。そして何より、楊逸の作品は今の日本社会がもはや日本人だけでは成立しないという現実を気づかせてくれる。

日本で生活する外国人が増えるにつれ、外国人に関するニュースも増加の一途をたどっている。しかし、メディアが伝える外国人関連報道は必ずしも納得のいくものではなく、不法滞在や犯罪など、いわゆるネガティブな面ばかりが強調され、異文化に暮らす彼らの疎外や葛藤、戸惑いといったものには触れていない。メディアだけではない。在日外国人に理解を示し、多文化共生社会の構築を目指す関係者たちも、さまざまな過去を背負って日本という異国の地で生きていかねばならぬ外国人たちの内なる現実には触れていない。否、触れないというより、触れることができないのかもしれない。そんな彼らにお勧めしたいのが楊逸をはじめとする越境作家の作品である。

多文化共生と英語

湯澤　伸夫

様々な文化的背景を持つ人々が住む世界を平和的に存続させるためには、対立を凌駕した多文化共生が鍵となるが、世界各地の現実を考えると実現は容易ではない。多文化共生の実現には世代を超えた継続的な努力が必要である。幼少の頃から豊かな人間力を育み、多くの人々と相互理解をしようとする心構えを形成し、文理両領域の幅広い勉強を通して自らの考えを熟成させながら、世界の様々な人々と相互理解を果たしていくことが大切な一歩となる。そのためには国際的に汎用性の高い言語を高度なレベルで操る能力が重要である。世界には六千ともいわれる言語があり、すべてに等しく言語的文化的価値があるが、言語的背景が異なる人々と意思疎通を円滑に図り多文化共生を実現するには、国際共通語としての英語の重要性は高い。5言語以上を高度なレベルで操れることは理想であるが、人間の能力の限界などから一般的にこれは不可能である。本稿では、多文化共生の実現を目標に日本での英語学習の在り方を考察する。

日本では、英語は日本語を理解しない人々と国内外で意思疎通をするときに共通語として広く使用される外国語である。公用語でもいわゆる第二言語でもない。言語は基本的に幼少からインプットとアウトプットを繰り返し、頭に浮かんだ概念を自動的に言葉に置換できるまで習慣化しないと自由に使用できない。自分の気持ちや考えを最も素直に正確に伝えることができる言語を母語とすると、臨界期を過ぎた日本人が日本国内だけで英語母語話者と同レベルの英語力を持つことは不可能である。だからこそ、高度な英語力を獲得するためには長期にわたって辛抱強く英語を学習しなければならない。最終的には学習者が関わりを持つ分野（例えば医学や経済学）に特化した学習も賢明な現実的選択である。

外国語学習における重要な三要素は、発音と語彙と文法だと言われる。文法は言語の骨格である。だが、日本では英文法の学習に重点が置かれ過ぎ、英文を文法で分析し、語や句を日本語の語順に組み替え和訳する方法が主流だった。英語の授業で飛び交う言語は当然のことながらほとんど日本語だった。しかし、この方法では口頭による意思伝達力を十分育成できない。この反省から、現在では英語母語話者などのＡＬＴ（外国語指導助手）とティームティーチングを行ったり、授業での使用言語を基本的に英語にするなどの政策が取られている。２０２０年から英語は小学校５年生から正規の科目となる。英語をコミュニケーションの手段とするためには、返り点式の分析に頼らずに、英語の語順で英語を理解し使用できる力が鍵となる。

国内で公用語として英語を使用しているインドなどの国々とは異なり、日本には国内にモデルとなる英語はない。日本では、学習指導要領には推奨されるべき特定の英語名は明示されていないが、戦後、標準アメリカ英語をモデルとした英語教育を事実上展開している。そのためか、それ以外の英語に対しては否定的な評価をする学習者もいる。英語は標準アメリカ英語ばかりではないことを理解することは、国際共通語としての英語の現実を理解するための重要な第一歩である。世界で使用される多くの英語の中で音声の違いは顕著であり、様々の英語を聞いて理解できる能力は、多文化共生の実現には極めて重要な基礎力となる。

英語を外国語として学習する環境では、学習初期段階で単一モデルに的を絞るのは学習者の負担を考慮すると理に適っている。日本では標準アメリカ英語がその役割を担っている。しかし、学習過程でいつまでも標準アメリカ英語に頼るのは、国際共通語としての英語の観点から、不適当である。小・中学校では標準アメリカ英語により英語の土台を作り、高校では標準イギリス英語にも触れ、綴り字、表現、音声、音韻体系などにおいて標準アメリカ英語との違いを知り、大学では様々な英語母語話者の英語、公用語としての英語、外国語としての英語といった多岐にわたる英語に触れ、世界英語（World Englishes）の視点に立って学習することが望ましい。それぞれの英語に優劣はないことを学ぶことも重要である。日本にも既に世界英語の観点からカリキュラムを組んでいる大学もある。様々な英語を学習すると、将来初めて接するタイプの英語に全く歯が立たないという状況を高い確率で防ぐことができる。多くの種類の英語を学習することは国際共通語としての英語の聞き取り能力を向上させるために必要不可欠である。この受動的使用に対し、能動的使用である発話の学習では基本的に単一の英語で十分である。日本では標準アメリカ英語となろうが、学習過程の途中で標準イギリス英語に切り替える選択もある。学習者の育った環境により他のモデルの選択もあろうが、地域訛りが強過ぎる英語は、国際共通語としての英語の観点から相応しくない。

世界で使われている英語には、informationを複数形で用いるなど、英文法書に書かれている規範的な英語とは異なる使用例がたくさんあるが、こうした例は英語の多様性として肯定的に評価する態度も必要である。ただし、日本人英語学習者は、これを逆手に取って、いい加減な英語を使っても構わないと開き直ってはいけない。世界的には日本人の英語は分かりにくいという悪評が一般的である。そのため、自分の英語には厳しく、相手に分かりやすい英語を使えるように努力することは不可欠な態度である。

英語は日本語と系統の異なる言語であるため、日本人には思うように上達しない言語である。しかし、多文化共生の実現のためには、その厳しい言語事実を克服し、国際共通語としての英語の能力を高めなければならない。学習言語能力を評価する国際指標であるCEFR（ヨーロッパ言語共通参照枠）において少なくともC1レベルの達成が具体的目標となろう。

多文化共生における言語の重要性

佐々木　一隆

本論の目的は、多文化共生における言語の重要性について考察することにある。具体的には、筆者の講演と指導学生の博士論文を事例として、多文化共生と言語について考える。

まず、２０１４年11月に栃木県高等学校教員を対象に行った講演（「国際理解における言語活動の諸相：母語、第二言語、国際語としての英語の視点から」）から始めることにする。この講演は日本語と英語に焦点を当てて国際理解教育の視点から論じたもので、多文化共生と言語について扱っている。グローバル化が進展する中で国際理解を図るために、母語の日本語から話を始めて第二言語、国際語としての英語へと進むという流れで言語活動の諸相を考察し、母語と英語の重要性を論じている。特に多文化共生において言語が重要な役割を果たすことを示すために、母語（外国人留学生等にとっては第二言語）の日本語と国際語としての英語の相違点と共通点について、①語の音声的・意味的・文化的比較、②基本語順の差、③日本語のあいまいな表現における二通りの解釈、④日英語共通に見られる修飾の型、⑤文章や会話における比喩、⑥相手に対する敬意表現を取り上げた。

最初に、「犬」とdogという語に着目すると、音声的には［inu］と［dɔːg］のように両者は使われる子音と母音やそれらの配列順序が異なっているが、四つ足動物でペットなどとして飼われるという点では共通の意味がある。こうした共通性は文化背景にもつながっており、「犬」とdogには人に忠実である一方で何らかの否定的な含みをもつことがある。例えば、「犬死にする」とdie like a dogは共通して否定的な含意がある。しかし、文化背景や言語表現に差が見られる面もあり、日本語では「犬」が「猿」を、英語ではdogがcatを嫌う傾向があるとされ、さらに英語には名詞がそのまま動詞に転用されるという日本語にない特徴があり、The athlete was dogged by injuries all season.（その選手はシーズン中に次から次へと怪我に見舞われた）のような表現が可能となり、dogがもつ否定的な含意が引き継がれている。次に、目的語が先か動詞が先かという基本語順の差（「公美子を見た」とsaw Kumiko）を認識することも重要で、目的語が先に来て動詞がそのあとに生じるため句全体の意味が予測しにくい日本語と、動詞が目的語よりも先に来る関係である程度目的語の内容が予測できて句全体の意味がとりやすい英語との文構造の対比を理解しておく必要もある。第三に、「ゆでたまごをくうおんな」のような例に見られる二通りの解釈については、構造の違いに応じて「ゆで卵を食う女」に加えて「湯でた孫を食う女」という読みも可能で、二通りにあいまいである。第四に、「怒った教授たちと学生たち」とangry professors and studentsに共通に見られる修飾の型とは、下線部の修飾語（怒った/angary）はともに直後の名詞（教授たち/professors）のみを修飾するか、等位接続された名詞それぞれ（教授たちと学生たち/

professors and students）を修飾する場合があるということで、興味深いことに当該修飾語が直後の名詞を飛び越えて2番目の名詞（学生たち/students）のみを修飾することはない。第五に、文章や会話における比喩であるが、「修一はまた勇輝の背中に目を戻して、言った」（重松清『ビタミンF』）とEvery eye in the newsroom followed me.のように文章や会話には「目」やeyeのような身体語彙を用いた比喩がよく見られ、共通する意味用法の拡張に触れている。最後に第六として、相手への敬意を示すのに、日本語では「10分後に研究室に伺います」のように謙譲語「伺う」を用いるのに対して、英語では I'll come to your office in ten minutes.のようにgoではなく相手の立場を尊重してcomeを用いることも述べている。

このように国際理解における言語活動に焦点を当てた理由は、グローバル化の事象を分析する際にコミュニケーションの媒体である言語の特徴を考察することが重要であると考えたからである。すなわち、グローバル化がもたらす社会現象を分析する場合、見逃されやすい言語構造や文化背景の相違点と共通点を理解する必要性を論じたかったのである。

今度は、タン・ティ・ミ・ビン氏による国際学研究科博士論文（２０１７年度）を紹介する。論文題目は「日本在住ベトナム人の子どもに対するベトナム語教育の可能性—家庭を中心としたバイリンガル教育の観点から—」で、家庭を中心に学校と地域との連携を視野に入れたベトナム語と日本語のバイリンガル教育について、日本在住ベトナム人の子どもに対するベトナム語教育の実態を中心に分析することを目的としたものである。本論文の独創的な点は、ベトナム人が集住する地域を事例に地域のベトナム語教育、家庭でのベトナム語教育と保護者の意識、ベトナム人の子どもの会話力と読書力の測定に関する各調査にある。特に小規模ベトナム語教室で行った講師と保護者へのインタビューは先行研究にないものであり、保護者へのアンケートと聞き取り調査を通じて家庭でのベトナム語教育の実態および保護者の意識を明らかにした点も貴重である。

この博士論文を通して見えてくることは、日本語が圧倒的に使用される状況が基本的に変わらない中で多言語多文化環境が進行している日本において、マイノリティ言語の一つであるベトナム語を母語・継承語としてどのように保持・発展させることができるかという課題を家庭・学校・地域の連携に求めている点である。すなわち、マイノリティ言語のベトナム語をマジョリティ言語の日本語といかに両立させてバイリンガルを育て多文化共生社会の進展に寄与するかという課題を提供しており、こうした教育を効果的に行うにはバイリンガルに対する保護者の意識向上に加えて、言語構造や文化背景に関する相違点と共通点の理解が講師や保護者に求められる。これは個別の問題ではあるが、あらゆる地域や言語に当てはまる普遍的な課題につながるものであり、多文化共生が進む地域社会で言語が果たす役割の重要性を示している。さらにタン氏は、子どもが小学校に入学して学校言語に移行し、家庭内では子どもが日本語、親が母語のベトナム語しか話さないと子どもは情緒不安定となりアイデンティティが揺れる可能性が生じると指摘し、多言語多文化環境における母語の役割の重要性を認識すると同時に、バイリンガル教育は単に2言語を流暢に話せる者を養成するのではなく、子どもの心身の健全な発達にも必要であると述べている。この氏の見解からは母語・継承語としてのベトナム語教育、日本語とベトナム語のバイリンガル教育、言語政策にわたる展開が読み取れ、それは子どもの人格形成全般にも意義があると言える。

コラム

台湾の多文化共生社会の実状を知るための専門家の講演会、(3)国立台湾大学学生との協働型ワークショップ、(4)外交、教育、地方行政を担う公的機関や企業の訪問、(5)台湾で働く卒業生との座談会という内容で実施される。

身近に感じられることの多いお隣の台湾でこそ可能となる気づき—知っていると思っていて、実は知らないことがいかに多いか—を実感し、それを次へとつなげていく。「知らないことを知るため」の起点としての研修と位置づけ実施している。

＊　＊　＊

マレーシアの研修プログラムは、ボルネオ島のサラワク大学で行われる。英語はマレーシアの準公用語である。世界各地で使用される英語の多様性を認める世界英語（World Englishes）という考え方があるが、マレーシアで学ぶ英語は、この世界英語のひとつ（one of the Englishes）として理解することができ、英語のグローバルな拡大を肌で感じることができるプログラムと言えよう。

英語のほか、公用語であるマレー語、また、サラワク州の特定の民族のイバン語、ビダユ語などが使用されるマルチリンガル環境を体感できることも重要だ。こうした環境を経験できるのは、サラワク大学の学生が英語の授業や課外活動に常時参加してくれるからでもある。大学内の寮に滞在し現地学生と交流することで、英語を学びながら、多民族国家マレーシアの文化、社会に触れられる貴重な機会だ。

コラム

外国語臨地演習

佐々木 一隆／松金 公正／出羽 尚

国際学部の教育プログラムとして、外国語の運用能力強化を主目的とした「外国語臨地演習」がある。外国の大学で数週間の語学研修を受けるもので、オーストラリア（英語）、台湾（中国語）、マレーシア（英語）の三つが提供されている。外国語の学習はもちろん、多文化共生について考える上でも、貴重な経験を積むことができるプログラムだ。

＊　＊　＊

オーストラリアは先住民のアボリジニーに加えてイギリスなどのヨーロッパ系やアジア系移民から構成される多民族・多文化国家である。こうした多文化共生社会のもと、サザンクロス大学での外国語臨地演習（英語）は、オーストラリアの文化や社会を教室の内外で学びながら英語の総合能力を高めることができる。特に、参加学生の専門的な視点からオーストラリアと日本を比較し英語でプレゼンテーションを行う機会があり、有意義である。

学生交流やホームステイを通して英語圏で生活するという異文化体験もできる。サザンクロス（南十字星）が輝く夜空を仰ぎ、キャンパス内に生息するコアラを発見し、海岸から鯨やイルカの泳ぐ姿を見て感動することもできる。このような自然環境も影響しているのであろうか、オーストラリア人の大らかさに接し、親切な同大学教員より英語を学びつつ、日本では得られない多文化共生の体験ができる同プログラムに興味は尽きない。

＊　＊　＊

「外国語臨地演習（中国語）」は、単に海外において中国語の学習機会を提供するプログラムではなく、現地学生との協働を通じて中国語実用的運用能力を高め、海外の多文化共生の実情を知るとともに参加学生のキャリア形成を支援することを目的としている。

隔年開講の予定であったが、2008 年度以降 2017 年度までの 10 年間で 8 回実施し、のべ 100 名を超える学生が参加してきた。プログラムは、⑴国立台湾師範大学での 3 週間の言語学習と異文化体験、⑵

settings.

The pedagogy of ICS focuses on the following goals:

- Relationship Building: Communicate with others actively. Develop professional and personal communication skills in various contexts through group work.
- Communication Skills: Formulate and express ideas and opinions through presentation, discussion and debate.
- Creative Expression: Think creatively while completing tasks and working together in English (games, music, role play performance).
- Critical Thinking: Organize, evaluate and apply information effectively through tasks and activities (conversation, discussion, presentation).

These are supported and developed through participation in 4 Core and 4 Extracurricular activities：

- Core Activities(Critical Incident Role Play/Conversation/Discussion Forum/Presentation).
- Extracurricular Activities(Song Night/Movie Night/Walk Rally/Sports Communication).

After completing ICS, students experience a fundamental change in attitude and perspective towards communication that continues long after the seminar is over. Not only does communication in English become relevant as a valuable tool for connecting, exchanging ideas and problem solving but students also learn how to take risks, challenge themselves and communicate with confidence across differences and barriers.

コラム

International Communication Seminar

Andrew Reimann

Globalization, interconnectivity and access to information have created both challenges and opportunities for those coming of age in the 21st century. As Japan experiences many social changes, education needs to reflect these changes. It is important that students are prepared for this new world and that teachers provide the necessary support, tools and guidance. Success in this rapidly changing world requires being able to adapt, predict, improvise and pioneer new ideas while challenging old ones. At the core of this skill set is an awareness, understanding and acceptance that differences, risk or uncertainty are not obstacles but resources. Critical thinking and intercultural communicative competence are essential components of this new pedagogy.

The International Communication Seminar (ICS) was specifically created to foster skills to help students succeed on the global stage. As one of the original core courses of the School of International Studies, the purpose of the program was to provide an opportunity to experience and develop practical interpersonal and professional communication skills in English. By participating in relationship building activities such as games, music, problem solving, role plays and general socializing, students develop an awareness of how language is used in context. Completing tasks and activities including conversation, organized discussion and presentation, they develop creativity, critical thinking and formal communication skills. All of these come together to form the skills required by intercultural communicators and globally minded citizens who are ready to participate actively and effectively in international

B. 心理・教育・情報・文化

社会的共生と共感
——共感の反社会性について考える

中村 真

思いやりや共感によって共生は達成されるだろうか。答えは読者のみなさん自身に考えてもらいたいので、そのための素材を提供しようと思う。

ここでは、多文化共生に代えて、社会的共生という言葉を使う。社会的とは集団と集団の関係を問題にすることを示す。集団は、所属する個人のさまざまな属性によって規定することができるが、とくに、出身地や国籍を明示的に問題にする場合に、多文化共生という話になるのであろう。そういう意味では、社会的共生は多文化共生より広い概念で、出身地や国籍以外にも、性別や性的指向性、年齢、世代、学歴や職業など、顕在化している属性から潜在的なものまで、さまざまな属性によって規定される集団間の問題ということになる。

それでは、共生についてはどう考えるか。ここでは、共生とは、複数の集団が、たとえ利害が対立している場合でも、相互に排他的にふるまうことなく、一定のレベルで対等な関係を維持して生活している状況と考えることにする。一方が他方を搾取したり、排斥したりするような行動をとらないことが重要で、手を取り合って助け合うことは必要条件とは考えない。もちろん、友好的で互助的な状況は望ましいが、隣人として淡々と生活できていれば共生に含まれると考える。このように社会的共生という言葉を定義すると、学校におけるいじめの問題や、高齢者や身体の不自由な人たちに対する偏見や差別、性的マイノリティに対する偏見や差別、職場における性差別、部落差別、さらに、外国人に対する偏見や差別など、私たちの身のまわりの社会的排斥に関わるありとあらゆる問題を社会的共生が阻害されている状況ととらえることができる。

さて、社会的共生が望ましい状況であることを前提にするとして、それが阻害されている現状について、どのように考え、対応していったらよいだろう。最もわかりやすいのは、このような問題に対応するために、社会的な仕組みとして法を整備することにより、排斥行動を取り締まることである。また、そのような法の背景にある道徳や哲学について学ぶことや、より基本的には、他者への思いやりの気持ち、すなわち共感能力を育むことが考えられる。

筆者の専門は感情心理学であるが、共感は、現在、最先端の研究テーマの一つで、感情心理学はもとより、脳神経科学（心理学）、進化心理学から、認知心理学、社会心理学、教育心理学と、さまざまな領域で注目されている。共感性は利他的行動を引き起こし、他者と良好な関係を構築し、維持するために不可欠の性質と考えられており、まさに共生のために進化のプロセスを通して多くの哺乳類に備わった能力と説明されている。このような共感能力を育むことは、おそらく、実際にもっとも基本的な対応法であるし、事実、家庭から学校まで、さまざまな教育場面で、子どもの共感性を養うことの重要性が主張され、そのための取り組みがなされている。

ところで、心理学では、共感は次の三つの能力で構成されると考えられている。つまり、他者（相手）の感情を知覚し、理解する「感情認知能力」、相手の考えや行動を予測し、相手の立場に立って考えることのできる「役割取得能力」、さらに、相手の気持ちと同じ気持ちを自ら経験できる「感情調整能力」である。たとえば、出身地や特徴的な名前のためにいじめや差別の対象になっている人に対して、その人の表情や態度から、その人が苦しんでいる、困っていることがわかること、その人の立場に立って、自分が相手と同じ出身地で、特徴的な名前だとすると、どのように考え、行動するかを推測できること、さらに、苦しみ、困っている感情を自分自身も体験できることが重要である。このような能力は、個人差はあるとしても、通常の発達の過程で自然に身につくと考えられている。小さな子どもでも、他に泣いている子どもがいると気になって注意を向け、一緒に泣き出したり、慰めるために近づいて行ったり、助けようとしたりするのは珍しいことではない。

それでは、このような能力を身につけているはずの人間が、なぜ、他者を排斥したり、排斥されている人を見捨てたりするのだろう。その一つの理由は、まさに、共感性そのものにある。共感のおよぶ範囲は狭く、多くの場合、自分の仲間に限られているのである。自分の仲間が、他の集団のメンバーにいじめられていたらどうするだろう。その仲間の悲しみや悔しさに共感することで、その集団に対して敵対的にふるまうことはないだろうか。

ここで問題になるのが、集団への帰属意識、社会的アイデンティティである。私たちは、自分自身のアイデンティティを、個人としてだけではなく所属集団との関係でも構築し、維持している。私たちは、部活のチーム、母校、出身自治体、国家など、様々なレベルの集団に帰属しており、その集団との関係によって自分自身の存在を確認している。自分自身の価値は所属集団の価値とともに変化するため、集団への評価が高まれば自分自身の価値も高まり、評価が低下すれば、自分の価値も低下する。オリンピックで自国の選手が活躍するととても誇らしく、他国の選手に負けてしまうと自分のことのように悔しいのは、このような人間の性質を端的に映し出している。共感性は所属集団に対して発揮され、その共感が、他の集団に対する敵対的感情や行動の源になりうるのである。副題に示した共感の反社会性とはこのことを指す。学校内での小集団間のいさかいから、民族集団間、国家間の紛争まで、それぞれの集団内の仲間への共感のために、自分を犠牲にしてまで、他集団のメンバーを攻撃することは珍しくないし、その行為は集団内では称賛の対象となる。

このようにみてくると、共感性を養うことは、他集団に敵対的、排斥的にふるまうことを促進することにつながるのではないか。そうだとすると、社会的共生を目指すとき、私たちは共感性を育むことを控えた方がよいのだろうか。もし、共感性を育むことを止めるとしたら、他にどのような手立てがあるだろう。また、やはり共感性は重要だと主張するとしたら、他集団への排斥にはどのように対応したらよいだろうか。読者のみなさんはどのようにお考えだろう。

「共に生きる」ことのできる社会づくりに向けた教育
――持続可能な開発のための教育（ＥＳＤ）と多文化共生

湯本　浩之

２０１５年９月、米国ニューヨークの国連本部において、「国連持続可能な開発サミット」が開催され、その成果として、「我々の世界を変革する：持続可能な開発のための２０３０アジェンダ」が採択された。これは世界が直面する貧困や飢餓、人権侵害や環境破壊、紛争や暴力などの深刻な地球規模の諸問題を２０３０年までに解決し、持続可能な国際社会や地域社会を実現しようとする国際的な合意文書である。この中にはたとえば、「貧困をなくそう（目標１）」、「ジェンダー平等を実現しよう（目標５）」、「人や国の不平等をなくそう（目標10）」、そして「平和と公正をすべての人に（目標16）」といった17の目標が掲げられており、それらは合わせて「持続可能な開発目標（SDGs）」と呼ばれている。

これら17の目標の4番目に「質の高い教育をみんなに」と題する教育目標がある。世界を見れば、現在でも小学校に通うことのできない子どもたちは数千万人にのぼり、8億人近い人々が文字の読み書きができないと言われている。目標4は、こうした基礎的な教育問題を解消することが、他の16の目標を実現するための大前提であることを示唆している。しかしそれだけではなく、地球規模の諸問題を解決し、持続可能な社会づくりにより積極的に取り組むためには、「質の高い教育」が重要な役割を果たすという確信がこの目標4には込められている。

ではその「質の高い教育」とはどういうものだろうか。そのひとつが「持続可能な開発のための教育（ESD）」と呼ばれる教育である。このESDという教育は、全世界の人々が地球規模の問題を解決し、持続可能な社会づくりに向けた役割を果たせるように、そのために必要な知識や技能、態度や価値観を習得していくことを目的としている。しかしだからと言って、これまで世界各国で行われてきた教育が否定されるわけではなく、学校や大学、企業や市民組織、地域や家庭などで行われてきた様々な教育の目標を「持続可能な社会づくり」へと方向付けていこうというものである。

さて、こうした近年の国際的な取り組みと本書のテーマである多文化共生とはどのような関係があるのだろうか。それを考えるためには、「持続可能な開発」の意味をもう少し丁寧に考える必要があるだろう。この議論の出発点は、1960年代までさかのぼることができるが、当時のヨーロッパは、第二次世界大戦の焼け跡から復興して高度経済成長を遂げる一方で、大気汚染や水質汚染などの公害が深刻な問題となっていた。そこで、経済成長を維持しながら、どうやって自然環境を守っていくべきかという議論が始まり、その後、開発と環境をめぐる様々な議論を経て今日に至っている。そして、いわゆる経済金融のグローバル化や国境を越えた人の移動が急速に進むようになると、〝豊かな国〟であったはずの欧米諸国の中にも貧困や失業をはじめ、言語や宗教を異にする民族や集団に対する排除や攻撃などの、いわゆる排外主義が顕著な問題となっていった。

こうした状況を考慮すれば、持続可能な開発にはいくつかの要素が当然加味されてしかるべきであろう。すなわち、SDGsやESDが強調する「持続可能な開発」とは、単に経済成長と環境保全との均衡を保った社会づくりという側面だけではなく、格差や断絶、そして差別や暴力のない社会を形成していくこともその重要な側面であるということである。SDGsの根底には「誰一人取り残さない」という理念が流れているが、異なる他者を排除したり攻撃したりせずに、たとえ肌の色や性別、言語や宗教などを異にする他者であっても、「共に生きる」という多文化共生の精神をそこに読み取ることができる。実際、「質の高い教育をみんなに」という目標4の標語の中には、「インクルーシブ（包摂的な）」という言葉があり、これからの教育は誰も排除しない「インクルーシブな」教育でなければならないことが謳われている。

こうしたSDGsやESDからの期待や要請に照らしてみると、日本の今後の教育課題とはどのようなものとなるだろうか。近年明らかになっている社会問題のひとつに子どもの貧困がある。日本の子どもたちの約6人に1人が貧困の状況に置かれ、貧困問題が教育格差や学力格差を生んでいると言われている。また、ヘイトスピーチに象徴される文化的社会的背景を異にする人々や子どもたちに対する差別や暴力が社会問題化したことも記憶に新しい。貧困や格差の固定化をはじめ、多民族化や多言語化の進展が予測される日本の地域社会、そして学校や教室の中で、「誰一人取り残さない」社会づくりや学校づくりに向けた取り組みが求められる。しかし、そうした取り組みを政府や行政、あるいはその分野の専門家や熱意のある教員たちだけに委ねてしまうのではなく、私たち一人ひとりが持続可能な多文化共生社会の創り手として、この課題について考え、行動していきたい。とは言え、ここで留意しておきたいことは、SDGsやESDを無条件に称揚したり、これらに無批判に迎合したりすることではない。「共に生きる」ことのできる社会づくりや「誰一人取り残さない」教育づくりの実現は文字や言葉で表すほど容易なことではない。世界共通の目標を掲げながらも、その創出に向けた多様な実践を地域や学校の中でいかに積み重ねていくかがますます問われることになろう。

日本政府は、2016年3月にESDに関する国内実施計画を公表して、ESDを普及推進するための政策支援などを表明している。これを受けて文部科学省は、一人ひとりの子どもたちが持続可能な社会の創り手となることを教育のねらいとする学習指導要領を2020年度から段階的に導入することとなった。こうした政府の動きに対して、企業や市民組織などもSDGsやESDの普及推進に向けた連携や協働の可能性を模索している。SDGsやESDが今後どのような成果を残していくのかは不透明ではある。しかし、社会変革や教育改革が叫ばれて久しい中で、教育実践や教育研究に携わる者の一人として、今後もこれらを注視しながら、「共に生きる」ことのできる社会づくりに向けた教育のヒントや手掛かりを見つけていきたいと思う。

インターネット時代の多文化共生

倪　永茂

インターネットは当初のBBS（電子掲示板）というクローズドサイトでの交流から、WWW・ブログといったオープンアクセスの段階を経て、コミュニケーションの場が再びSNS（ソーシャル・ネットワーキング・サービス）に戻りつつある。

その主因はスマートフォン（以下スマホ）の普及である。いつでも、どこにいても、相手とコミュニケーションできる利便さは従来の固定電話やパソコンを大きく上回り、文字による交流は無論のこと、音声・写真・動画までをスマホひとつで簡単に操作してしまう。文字の読み書きができなくても、スマホさえあれば、自由自在に相手と交流できる。史上最強のコミュニケーションツールを誰もが所有する時代になった。

多くの個人がなんらかの形でＳＮＳ上に存在する無数のコミュニティに参加し交流することは多文化共生に寄与する。距離的制限や時間的制限から解放されるＳＮＳでは、現実社会以上に、さまざまな国籍や異なる文化背景をもつひとびとと出会える。それを検証したのは米イェール大学の心理学者スタンレー・ミルグラム教授によって１９６７年に行われたスモールワールド実験である。全く知らない相手同士は、間に平均して５名の仲介人がいれば、互いに知り合える、いわゆる「６次の隔たり」ということを意味する。ＳＮＳのコミュニティで、社会的習慣の違いを互いに説明したり、時間をかけて相手の抱え込んでいる問題点や悩みを理解してアドバイスすることが可能である。

互いに文化的違いを認めあい、対等な関係を築こうとすることは現実社会ではそうたやすいものではないが、ＳＮＳ上では比較的容易に実現する。性別・年齢・職業等の個人情報を明らかにすることも、社会的立場をわきまえて発言することも現実社会ほど厳しく要請されない。発言の権威性を与えない代わりに、対等な立場で自由に発言することが許される。特定のひとと深い関係を築くことも、不特定多数のひとと交流することも選択肢として存在する。いままでの人格（ネット人格）をリセットして新しい自分を演じ、新しい友人関係を一からつくり直すことはSNSなら非現実的ではない。

それに加えて、筆者の80年代の留学時代と違って、今日では日本にいても、母国のニュースや情報を低コストで大量にアクセスできるようになった。所属する研究室の留学生が行ったアンケート調査の結果によると、母国の家族や友人と連絡しあい、母国の音楽やドラマを鑑賞し、母国のニュースを視聴するのは大部分の留学生の日課だという。母国のひとびとや母国文化に接する時間は毎日数時間にも及ぶ。このように、多様な文化に手軽にアクセスできるのはインターネットの賜物のひとつである。つまり、インターネットという仮想空間が文化の多様性に包容的である。

さて、多言語生活情報アプリや災害時多言語情報作成・表示アプリが最近多く聞かれるようになった。地域の国際化や多文化共生を推進する政府や地方自治体の努力した成果でもある。自国の情報は容易に入手できるが、ローカル情報は却って見つからないという意見は外国の方からしばしば聞かれる。日本語で書かれている情報にアクセスすることは非漢字圏の方にとってインターネット時代でも大きな課題となっている。毎日の生活や災害発生時の生存に直結するローカル情報を多言語で提供することはとても大事で良いことである。

言葉の壁をAI（人工知能）の技術によって取り払う研究は盛んに行われている。身近ではアップル社のシリやマイクロソフト社のコルタナにＡＩによる音声認識や音声合成のレベルを垣間見ることができる。ＡＩが急に注目を集めたのはグーグル社のアルファ碁という碁の対戦ソフトが囲碁棋士を負かしたことによる。とくに２０１７年５月、中国の人類最強と自称する柯潔九段棋士が３戦連敗し、二人零和有限確定完全情報ゲームの世界ではＡＩに人間が全く勝てなくなったことが事実として決定した。アルファ碁にはディープラーニング（深層学習）という新しい考え方が取り入れられ、各層の優先度を適切に設定して、全体の状況を飛躍的に高速で正確に判断できるようになったのである。その技術が音声認識や自動翻訳にも応用されようとしていて、近い将来、多文化共生における言葉の問題は軽減されると期待する。

しかし、文化の多様性や自動翻訳・自動通訳の可能性が高まった半面、コミュニティの分断化という筆者の心配を書いておこう。確かに、ＳＮＳでは気軽にさまざまなコミュニティに参加し、多くのひとと出会えるようになっているが、現実社会と違って、意見の合わないひとともに仕事したり生活するわけではないので、自分の感性や感情にあい、居心地のよいコミュニティにしか参加しなくなることが考えられる。つまり、コミュニティの棲み分けがＳＮＳ全体では傾向として強まる。このような人間関係の分断化が進んでいくと、異なるコミュニティ同士の交流がほとんどなく、交友関係が固定してしまい、多文化ではなく、一コミュニティだけの文化になってしまう。そうなると、他者の異なる意見を許容する心構えはＳＮＳ上のコミュニティ全体に求められるだけでなく、それぞれの個人にも必要であろう。多様性を維持していくことは長い目でみればコミュニティ全体の活性化に繋がるし、自分と異なる文化や価値観の持ち主と交流しないと、その個人の世界観を狭める結果になる。

多文化共生は多くの国や民族に見られるように、大変困難で課題が山積している。共生よりも、現実には異文化の衝突のほうがはるかに多かった。難民の受け入れに難色を示す国が多くなったことや、自国第一主義が台頭してきたことも現実として直視すべき現象である。インターネット時代になって、人間同士のコミュニケーションがより便利で低コストになっているが、真心の交流はかける時間と努力にのみ報われるものかもしれない。

日本で考える多文化共生——多文化の現実、共生の理想

松井　貴子

多文化を意識するとき、異文化の存在が感知される。自文化の存在が自明ではなくなり、無自覚に、存在することはできなくなる。他文化との共生は、自文化との同質性を見出し、異質な

存在と親和的につながる可能性を探ることから始められるだろう。

多文化共生を自らの現実として受け止め、実践しようとするとき、自文化と異なる他文化の存在は衝突のリスクを生み、文化間の生存競争に巻き込まれ、融和の困難さに直面することになる。他文化との共生は、自文化との同質性を見出すことから始められる。そうして、異質な存在と親和的につながる可能性を探ることが多文化共生につながるであろう。

この地球上で、多文化共生は具現されているであろうか？　多文化共生の理想像を描くことができるだろうか？　世界には次のような多文化の諸相が見える。例えば、移民国家には多民族が暮らしている。外見の多様性は、多文化であることを視覚的に意識させ、多文化の存在が日常となる。その上で、国旗や国歌によって一体感を持つことが人為的に作られる。国境線の変更が歴史的に繰り返されてきた地域では、国家、民族、言語の境界にずれが生じ、同質性を持ちながら、多文化を成立させる境界、区分が複数存在する。かつて植民地となった国々では、旧宗主国の言語が共通語として機能しながら、部族ごとの文化圏があり、そこに人為的に引かれた境界線、利害関係の不一致が紛争を起こす一因となっている。日本は、多様な移民によって作られた国ではない。日本人の髪色、目や肌の色はほぼ均質であり、公用語は一つで、同等に通用する他言語はない。歴史的に、自国の中枢をなす領土が削られる大きな国境線の移動や国土の分割を経験していない。太平洋戦争後に占領期はあったが、植民地になったことがなく、他国の支配により、意に反して自文化を失うことはなかった。

その日本は、同調圧力が強いと言われる。学習指導要領に規制される学校教育、正解が一つに決められている試験が作る思考パターンであろう。明治時代に西洋式の学校教育が採用され、標準語（共通語）の制定、言文一致化が進められた。近代日本としての統一化の始まりである。前近代の日本は、地域性や社会的階層による差異の大きい多文化社会であったが、人々が生きたのは、それぞれに閉じた文化共同体、同質性の高い単文化社会である。明治政府は、日本全体として見れば存在していた多文化性を失わせる方向で近代化を進めた。国家制度と共に文化的にも均質性を持つことが推進され、日本の社会と文化は「画一的」であると思われてきた。それゆえの「多文化共生」のスローガンである。このような日本では、自分が属する文化社会の他に、自文化と異なる他文化社会が存在し、自文化と併存している全体として捉える世界像を持つことが、多文化共生への一歩となる。そして、多文化世界を生きる日本人には、自文化の中に存在する個としての自己を意識することが、必要になるだろう。

多文化共生を、「価値観、生活習慣、常識、思想や理念、行動様式などを異にする個人あるいは集団が同じ空間を共有する、あるいは、近接した空間に存在し続ける状態に起こるもの」と定義するならば、平和な共生のためには、何が有効であろうか？　安定した状態に異質な存在が入り込んでくることは、常態が揺らぐ不快、平穏を失う不安を感じさせ、侵入の脅威となる。

多文化が日常であるという状況は、日本国内では限定的である。均質性が保たれた世界に異質分子が入ってくると、想定外、非常識と思えることが生じてくる。このとき、どう対応するか？主観を制御し、全体を眺めて冷静に分析することができるだろうか？他人事ではなく自分に影響が及ぶとき、状況を認識し、課題を解決するのに、感情の影響を避けることは難しい。自分の周りに緩衝空間があるとイメージすることは、自己を侵食され、損なわれる恐怖が攻撃性を生むことを避ける助けになるかもしれない。他者との共生は、自己が確かに存在してこそ成り立つ。意志の決定において、主軸を他人ではなく自分に置く。これは他人を無視することではない。自己主体であればこそ、よりよい選択を考え、自分の行動に責任を持つことができる。他者と折り合いをつけ、納得して合意点を見つけることができないとき、自分の意思を抑圧して従うことは苦しい。他者の意向を容認することを、自分の意思で決めることができれば、感情の質が変わってくる。

均質性の高い日本文化を多文化共生に親和させるためのステップとして、多文化を多様性と読み替えて考えてみる。多文化は複数文化の併存、多様性は自文化内に存在する異質なものに対する寛容性である。自文化内での多様性に意図的に目を向け、その融和、衝突の緩和を、どのようにやっているか自己観察する。そして、日常の生活空間、均質性の高い文化圏内で行ってきた摩擦の解消を、よりよく行うにはどうするか、日常、ほぼ無意識に行っていたことを、多文化共生というあり方に応用するにはどうするか、どのように適用できるか考えてみるのはどうだろうか？

多文化性をもたらす文化変容は、能動的な他文化摂取によって生じ得る。近代の日本は西洋文化を摂取し、それ以前は中国文化を摂取していた。他文化は自国のために導入し、同化させるものであった。日本に入ってきた他文化は、変容して日本文化の一部として定着する。古くからのものの継承、保持と新しいものの摂取は、伝統と革新の、せめぎ合いと融合である。新しいもの、異質なもの、それまでと違うものを新たに取り込むとき、自分にとって必要なもの、現状をよりよくするもの、よい方向に変えるものは同化される。日本は文化受容に積極的であった。同化させないで多文化を包含することには相対的に消極的であったかもしれない。自文化が継続的に安定して身近に存在していれば、他文化を楽しむ余裕ができる。日本文化に関わる多文化共生を考えるとき、自分にとっての日本文化が何であるか、どのようなものであるか自覚していることが必要なのである。そうして、日本文化と多文化との違いを楽しむことができれば、変化を起こすことができるだろう。

自文化の伝統であり、その特質を形成しているものを、他文化との共生の場に置くことは、実際にはかなり難しい。自文化発祥のもの、自文化に独特であると考えているものが、他文化に受容され、変容している様相に対して、自分がどのような反応を示すか、自文化の変容を、どれほど好奇心を持って見ることができるか、どのように許容できるか、本当に肯定的に受け止めることができるかは、自分が多文化共生を、いかに志向できるかの指標にできる。

日本から世界を見るならば、自文化と複数の他文化が併存する多文化共生が見えてくる。そして、日本の中を見るならば、自文化内に多様性を持った異質なものが混在する多文化共生が見えてくる。多文化共生の理想は、固定した安定ではなく、動きの中で快さのある均衡を見出し続けることであると考えている。

特別入試を設定したいと考えた大きなきっかけであった。

宇都宮大学国際学部は国立大学唯一の国際学部として、「英語＋1言語」の実践的学修と学際的総合教育を重視するとともに、外国人留学生、帰国生、社会人など多様な人材を受け入れ、ダイバーシティへの適応力を醸成する学習環境を提供することに努めてきた。外国人生徒入試によって、多様な人材を受けいれるチャネルが広がった。外国人生徒の受け入れは、ダイバーシティへの適応力を醸成する学習環境の充実という点で、日本人学生の教育にとっても極めて有益と言える。

国際学部は90名定員の小さな学部であり、外国人生徒入試の定員については若干名とした。枠は小さいが、枠の意味は決して小さなものではない。3度の入試で、日本の高校と外国人学校から韓国・中国・ロシア・ブラジル国籍の生徒が入学してきた。初年度入学の2人は今年度3年次生になった。卒業論文と将来のキャリアを強く意識し始めているのではないだろうか。外国人生徒入試の入学者が国際学部での学びを通じてどのような人材として巣立っていくのか、大いに楽しみである。外国人生徒入試の開始により、国際学部は、複数の言語力と異文化理解能力を駆使してグローバルに活躍する人材および日本文化を世界に発信するとともに世界の文化交流に貢献できる人材の育成を目指す。

コラム

外国人生徒入試

田巻　松雄

宇都宮大学国際学部は、2016年度入試より、「外国人生徒入試」を開始した。日本の高等学校で学ぶ日本語を母語としない生徒とブラジル学校などのいわゆる外国人学校で学ぶ生徒を念頭に置いた特別入試である。国立大学では初めての試みである。

外国人生徒入試は、高校入試に関して都道府県単位で設置されている特別定員枠に大きなヒントを得た。文部科学省『日本語能力が十分でない子供たちへの教育について』（平成28年3月22日）によると、公立高等学校の入学者選抜における外国人生徒の特別定員枠の設定は12都道府県で実施されている（北海道、福島、茨城、千葉、東京、神奈川、山梨、岐阜、愛知、三重、大阪、奈良）。特別定員枠の設定は、日本語で能力を発揮することが難しい子供たちに高校学校での学びの場を保障しようとする進路保障の考え方に支えられている。ポジティブ・アクションと言える。

関係者からヒアリングできた大阪府の例をみておくと、特別枠選抜は、平年13年度に「中国帰国生徒及び外国人生徒選抜」を創設し、2校で開始した。平成29年度入試では7校で実施。各校の全定員の5％を特別枠定員とすることで、各校に10名～14名の生徒が入学。平成28年度入試から定員は72名となり、平成29年度入試の合格者は67名である。

宇都宮大学国際学部にはほぼ毎年外国にルーツのある学生が入学してくる。かれらと接していると、一般的に、日本人学生にはない力強さとポテンシャルを感じる。それにはおそらく、日本語や外国籍等の面で苦労が少なくなかったことや2つの言語や文化を有していることなどが関係しよう。いわば、外国人生徒は「グローバル人材」に成長するポテンシャルを高く有するし、将来の日本を支える有力な人材候補生でもある。かれらは総じて向学心旺盛で、課題発見能力や分析力も優れている。しかし、そんなかれらでもセンター試験での受験は厳しいと、大半は推薦入試や3年次編入学試験で入学してくる。この現実に気づかされたことも、

to say, empathy and mutual understanding are required from all parties involved. Clergy, staff, believers and guests are all required to engage with a level of critical rationality of self and other that acknowledges the reality of the other as well as each individual's responsibility in that shared relation.

To be "fair-minded" and to treat all points of view without prejudice that prioritizes one's own gain is of paramount importance. In a temple setting this practice of fair mindedness is all the more apparent because Buddhist practice is being integrated with customer service while realizing a profit. Being fair-minded becomes a challenging endeavor because what is "favorable" (what we agree with) in the field of profit making may not be in the interest of compassion and what is "unfavorable" (what we disagree with) in the field of profit making may be truly compassionate. Institutional needs (ritual/worship/profit making) provide a practical framework for critical thinking that supports staff and clergy as they begin to work through their own thinking/being in a multicultural sphere where rationality can and does support Buddhist practice. Thinking critically, being open (fair) minded and being investigative of one's own thinking as well as the thinking of others is crucial. From the point of view of reasonability, being fair-minded and having an open mind are based on a fundamental confidence in the tenets of rationality.

コラム

Rationality and Multicultural Public Spheres

Barbara S. Morrison

Mutual understanding in the context of a multicultural public sphere such as that found at Yochi-in Temple on Mt. Koya is founded on dialogue; a reasonable dialogue that exhibits itself in the public use of reason as a means of accommodating multi-focal sensibilities. The principle of rationality that underlies this process of self-understanding is by no means adverse to the fundamental mission of an institutional identity; in this case, that of a Buddhist temple (ritual/worship). The principle of rationality, of reasonability in dealing with self and other, public sphere is able to succeed.

Successful multicultural public spheres exhibit an on going dialectical enrichment through reasonable dialogue with self and other in a relation of dynamic process that manifests itself as a sphere for collective reflexivity in relations of interpretation that are enabled by discussion and the imagination of all concerned. One's own positioning in that discussion entails a degree of maturity found in the cultivation of a certain critical distance. At Yochi-in for example, there is a constant stream of conversation among staff and clerics during the tourist season regarding arrivals, special needs, tourist services, dietary needs and special requests. Stress can run high. People of different belief systems, different cultures, genders and class bring different sensibilities into the same living space. All of these sensibilities must be integrated, accommodated and (dare we say) cherished. It is in this sense that we can begin to think of an institution (here: Buddhist temple) as a multicultural public sphere. Needless

C. 経済・環境・開発・政治

経済問題としての多文化共生

磯谷　玲

出自や文化の異なる、それも大きく異なる人間がともに暮らす世の中が、好むと好まざるとに関わらず、やってくるといわれている。なぜそれが問題となるのかは国や地域、あるいは時代によって様々であろう。

アメリカは人種の「るつぼ」とも「サラダボウル」ともいわれる国であり、また様々な植民地が「合体」してできた国であって、上記の典型例とも思われる。歴史的に振り返れば、決して平和共存してきたわけではなく、また現在でもそうは評価できないかもしれない。多様であるというだけでは社会や国家は成り立たず、人々をまとめる「何か」が必用である。それは神話であったり、過去の輝かしい「民族的伝統」であったりするだろうが、アメリカの場合、それは、あるいはその一つは「自助努力」と「選択の自由」という考え方、あるいはそれに基づいた制度ではないだろうか。「やりたいようにやってええけど、責任は自分でとってな」ということであれば、異文化（多文化）

を尊重するスタンスのようにも聞こえる。多文化共生という観点から考えれば好ましい様にも思えるが、自身の才覚と努力で世の中の有為転変に対処せよというのは両刃の剣でもある。

かつてアメリカにエンロンという会社があった。石油パイプライン会社を皮切りに、電力、ガス、天候デリバティブズなどを手広く扱う総合エネルギー産業企業へと急成長を遂げた会社であった。一時は自由化や規制緩和の成功事例であり、旗頭と目されたこともあった。

この会社は従業員に対して「確定拠出型」の年金プランを提供していた。

確定拠出型とは、乱暴にいえば出す分（拠出）は決まっているが、どれだけ受け取れるか（給付）は運用の成果次第、という方式である。世の中には、これとはちがう確定給付型の年金プランも存在するが、エンロンでは提供されていなかった。確定拠出型プランでは従業員はどのような資産種類で運用するかを用意された選択肢の中から自分で選択することになる。この選択肢の一つに、エンロン自身の株式も入っていた。これは特殊なことではなく、スポンサー企業の株式を投資対象とする、ということはよくあることらしい。

先に述べたようにエンロンは規制緩和の中で急成長を遂げた、そしてそれからも成長が期待できる、いわば「時代の先端を切り拓く」会社である、と当時は思われていた。

急成長する会社が直面する問題のひとつは資金である。経営陣は従業員に対してエンロンの株をもつよう、つまり投資するよう執拗に勧めた。当時の従業員にはそうした会社で働くことの誇りや

「愛社精神」があったであろう。もちろん急成長を遂げている会社の株式を保有することによって将来得られる経済的利益に対する期待も大きかったに違いない。多くの従業員が経営陣の勧めに応じて、年金プランの運用先にエンロン株を指定した。

悲劇であったのは、会社の成長がハリボテであったことだ（２００１年に粉飾決算が明るみに出たことを契機に経営破綻した）。

経営陣の大半も会社の成功が本物であると信じていたのかもしれないが、ハリボテであったと気づいた時にいち早く逃げ出すことができた。従業員は、あるいは従業員の年金プランは船と共に沈んだ。

従業員は賃金収入と同時に将来の年金も失ったわけだが、実はこうしたことは初めてではない。１９６８年にとある会社の倒産があり、従業員の年金が失われるという事件があった。この事件を契機として、年金関連法が改正され、確定給付型年金に対する保険制度が創設された。従業員の年金を守るために保険という手段を用意したのである。

しかしエンロンの破綻に際して議会が出した結論は、「選択の自由は守られなければならない」というものであった。エンロンの従業員は救済されなかったし、保険制度も創設されなかった。確定拠出型プランの給付は運用の結果であり、その選択は各自がしているのだから、その結果についても各自が負うべきだ、という考え方だった。

退職後の所得をどのように確保するのか、また種々のリスクに社会としてどう対処すべきなのか、正解はないのだろう。正解はなくとも決断しなければならない場合に、よってたつのは人々がまとまる「何か」であった。

多文化共生を巡る問題は、一面ではすぐれて経済問題であると思う。モノやサービスを生みだし、消費し、あるいは成果を分け合う、ということが経済活動の骨格であるが，同時に次代の担い手の育成や、リタイアした人々の「処遇」ということも含まれる。直接には富を生みださない人々が関係するがゆえに「個人」の問題というだけではなく「社会」の問題でもあり、従ってどのようなルールによって行われるのか、ということが重要になる。

多文化共生を巡る問題が経済問題だ、ということの意味は二つある。一つは、社会の構成員にとって、あらゆる人々にとって経済活動は避けて通ることのできない問題、という点である。もう一つは、こうである。誤解を恐れずにいえば、異なる文化が接触した時の「違和感」やそれに端を発する軋轢や差別はそう簡単にはなくならないだろう（もっとも諸文化の「違い」や「違和感」がなくなるかどうかも、またそれが良いことかどうかもわからないが）。そうしたものを前提としても、あるいは消失するまでの長い時間をしのぐためにも、人々が共に生き社会を形作っていくための、あるいは相互理解が深まらないとしても「そこそこうまくやっていく」ための「智恵」や「工夫」が必用なのではないか。経済問題が解決すれば全てが丸く収まる、とは思えないが、そうした「智恵」の一つにはなるのではないだろうか。

そしてこれは「文化が異なる人」だけに向けられる話ではない。現在、日本は生産力の基盤である人口が縮小していく下で、国際競争のなかで生き残っていく、という課題に直面している。こういう状況下でしばしば「強力なリーダーシップ」の必要性がいわれるが、民主制下におけるリーダーシップとは人々が公正に扱われてこそ、あるいはその自覚が人々にあってこそ、活きるものだと思う。何が大事か、ということは国によって社会によって異なるし、またそれが常に人々を幸せにするとは限らない、ということは上述したエンロンのケースからもいえることである。今問われているのは、日本における公正さとは何か、ということではないのだろうか。多文化が共生する社会を築く、ということは、社会のあらゆる構成員が公正に扱われる社会を築く、ということと大きく重なっている様に思われる。

環境リスクと多文化共生

髙橋　若菜

環境問題は、科学技術により解決される事柄との認識が一般的である。どのように「多文化共生」と接合するのであろうか。国民病と言われる花粉症を手がかりに、考えてみるとしよう。試みに、２０１７年、宇都宮大学の授業「多文化共生概論」において、花粉症に関するアンケートを行った。結果、全く症状が出たことがない人、軽度から重度まで、幅広い分布がみられた。症状も、くしゃみや鼻水だけでなく、頭痛、だるさ、肌荒れまで多様で、発症時期も異なっていた。ここからみえるのは、環境リスクへの脆弱度には個体差がある、という、ごく当たり前のことである。一方、原因を問うと、個人の体質説から、森林政策原因説、大気汚染説、あるいはその複合説にいたるまで、多様な認識が示された。これは、花粉症の因果関係や個体差が生じる理由について、科学は必ずしも完全に明らかにしていないという事実と合致する。環境リスクは、複合的に作用する。本質的に科学的不確実性を伴う。

そのような不確実性を考えれば、唯一絶対の効果的対策が存在しないことも、自ずから明らかである。実際、花粉飛散前から予防的に病院で処方された薬を飲む人もいれば、マスクをする人、外出を控える人、食べ物など生活習慣を変える人もいた。重症と自覚しながら何ら対策をとらない人、症状はあるけれど自認をしたくない人もいた。受講生たちは、こうした相違を、相互に理解し受入れていた。花粉症は、日常会話でもしばしば話題にのぼる。我々は、個に埋め込まれた多様性や個々の価値判断を、むしろ興味深いものとして、会話の中で消費している。いってみれば、花粉症という環境リスクに対し「多文化共生」が暗黙裡に成立している。

花粉症は、それほど罪深い環境リスクではない。しかし、現代は、高度に発達した科学技術や経済活動により、より深刻な環境リスクが生み出されている。ＰＭ2.5などの大気汚染物質、化学物質、重金属等の残留性有機汚染物質、そして放射性物質などである。これらが、大気圏や水圏、土壌などの生態圏に放出されることで、生態系破壊が進み、人命にまで不可逆的被害が及ぶ事態を、人類は数えきれないほど経験してきた。

増大する環境リスクに対し、汚染低減や回復のための技術革新は進み、多くの環境法規制が作られてきた。しかし、これらは万能ではない。環境法規制は、社会の中の権力構造、分配構造、官僚機構、支配的規範、合理性等の事柄に大きく依存して決められるという。そうして決められる規制値は、大多数の人に影響が出ない程度の我慢値にすぎない（ベック『リスク・ソサエティ』）。裏返せば、少数の生態学的弱者は、必ず存在する。彼らは、しばしば経済的弱者でも社会的弱者でもあった。足尾や水俣、四日市にしても、環境被害は、地域の子どもや高齢者・妊婦等の生態学的弱者にも集中した。世界に目を向けても、ウランなどの鉱山開発等で環境汚染に接し被害が集中するのは先住民である。政策決定へのアクセスを持たない彼らは、被害に遭いながら、しばしば救済から切り捨てられてきた。

類似の事態が、21世紀に入った先進国日本でも進行中である。東日本大震災に伴う福島原発事故である。事故により、おびただしい量の放射性物質が、海洋・大気中に放出され、時の変化とともに漸減しつつもまだ自然界に多く留まっている。目には見えない放射性被ばくリスクは、深刻で不可逆的な晩発的健康影響を及ぼす可能性がある。そのため、とりわけ生態学的に脆弱とされる乳幼児や妊産婦、子どもたちをもつ家族を中心に、将来の健康リスクを避けるような行動が広く見られた。生活空間で被ばくリスクの軽減に努める人、短期間保養に行く人々、あるいは避難する人々もいる。こうした判断は、「深刻な、あるいは不可逆的な被害のおそれがある場合には、完全な科学的確実性の欠如が（中略）、対策を延期する理由として使われてはならない」というリオ宣言第十五原則の予防原則とも整合する。しかし、彼らは、科学的リテラシーに欠ける、風評被害を巻き起こすなどの批判にしばしば直面してきた。そのため、経済的にも社会的にも苦境に陥りながら、多くの人が自責感に駆られ声をつぐんできた。

花粉症という環境リスクへの対応の多様性には、科学的不確実性がありながら、互いの対策について誹りを受けることはない。それなのに、放射線被ばくリスクの回避については、なぜ、個人の価値判断が否定され、批判が相次ぐのか。それは、リスク回避の行為が、〝風評被害対策〟〝帰還促進〟〝復興〟しいては〝エネルギー安全保障〟など、複数の社会価値と衝突すると捉えられているからに、ほかならない。その背景に、利益誘導型の政府＝産業界の結束が強く、市民社会の被害や受苦の表出機能が弱いという、日本の政治・社会システムの有り様もひかえている。

この難問を解く鍵は、多文化共生の視点ではないかと筆者は考えている。繰り返しになるが、環境リスクへの脆弱性には、個体差がある。科学的不確実性も存在する中で、個人の判断は、どのように生きたいかという規範的判断にも左右される。そういった意味で、人間集団は本質的に多文化社会である。福島原発事故は、人はいつ自らが環境上の弱者になるかも分からない現実を、我々に突きつけた。そのようなリスクの潜在性に鑑みても、放射性被ばく問題に限らず、環境や持続可能性の問題は、科学を相対化し、倫理や社会、また異文化にまたがる問題として引き受け、多様な価値判断を尊重する姿勢が求められよう。

さらに言うならば、多文化共生のアプローチは、複数の社会価値との衝突ではなく、むしろ共存や解決をもたらしうる。ここで、「環境問題は、それぞれのレベルで、関心のある全ての市民が参加することにより最も適切に扱われる」として、市民社会や女性、若者、先住民等の参加を促したリオ宣言を想起しておこう。生態学的弱者の参加や受苦の表出が、持続可能な発展へつながった事例は、実は数多くある。欧米の酸性雨管理はその一例で、生態学的弱者の受苦の表出や科学の相対化が、問題解決型の科学の進展や、費用対効果の高い対策パッケージ、経済的手法などの社会合理的な施策創発の源となった。環境と経済は両立しないという構図自体、もはや時代遅れとなってきている。

環境汚染物質の発生源と沈着先がグローバル化する現在、環境被害や環境リスクの不可視化はますます進行している。弱者へ思いを馳せ他者への想像力・共感を取り戻すことは、持続可能な発展への近道である。多文化共生をまなざし、固定観念を変えることが、今問われている。

グローバル市民社会の意義
――多文化共生社会の再構築

重田　康博

筆者は、NGO・CSOの研究をしている。これらの研究を行うきっかけは、1980年代から2000年代前半にかけて、フィリピン、タイ、インドネシア、カンボジア、スリランカ、ラオスなどアジアの国々のいろいろなNGOやCBOを訪問したことであった。これらのNGOが貧困問題の改善、環境破壊の防止、子どもへの教育の普及、保健医療の充実、人権擁護などについて躍動的に活動していることに感動したことがその後、グローバル市民社会の活動の研究を行っていく原動力になっている。それぞれの国のNGOのリーダーやスタッフは、私が訪問すると温かく迎えてくれて、彼らの活動の理念、目的、意義、活動などを一生懸命に語ってくれ、彼らの強烈な個性と存在感が私の記憶に強く残っている。

その一方、アジアの権威主義的な独裁体制下で、人権、環境、選挙監視を行うNGOの政策提言活動はむずかしい立場にある。

今日この様な国際協力に携わるNGOは、第二次世界大戦後先進国および途上国で誕生し、大きく発展した。NGOとは、英語のNon-Governmental Organizationの略で、国連憲章第71条の中で明文化され、国連と協力関係を持つ政府以外の団体を呼ぶときに使われている。国際協力NGOの特徴として、①非政府であること、②非営利であること、③ボランタリーな活動であること、④国際協力を行うことであり、これらのNGOにとって基本的な理念は、国境を超えた「人道主義」、世界平和を願う「平和主義」、世界の人々の文化、宗教、言語など多様性を尊重する「多元主義」、これらの人々と共生して社会を構築していく「多文化共生主義」である。

近年、国際社会ではNGOやNPO、労働組合、学術団体、教会、労働組合、協同組合、宗教団体、学術団体、医療団体、社会運動団体などの団体の総称をCSO(市民社会組織)と言われるようになっている。市民社会の起源は、古代ギリシャの哲学者アリストテレスが言ったポリス(都市国家)などの政治社会といわれている。ポリスは一定の限られた人たちが参加する政治共同体であり、市民とはその共同体の最終目的であるポリスに住む人を意味した(西川潤『グローバル化を超えて』2011)。ポリスに住む市民が市民社会の原型を形成し、欧米諸国を中心に国家から自立した自由な経済社会として現代まで引き継がれていったといわれている。現在の市民社会は「非政府・非営利セクター」として存在し、「政府や市場に代わる個人やＮＧＯなどで構成する自発的自律的な社会」のことである。さらに、国境を超えて活動する市民社会を「グローバル市民社会」と呼んでいる。メアリー・カルドーはグローバル市民社会について、市民活動家にとっての「グローバル化した公共空間」であり、市民がグローバルレベルでの政策決定者に多様な異議申し立てができる「異なったかたちでグローバルに組織化されたネットワーク」（メアリー・カルドー『グローバル市民社会論』２００７）と述べている。つまり、グローバル市民社会とは「政府や市場に代わるＮＧＯ・ＮＰＯ・ＣＳＯなどで構成するグローバルな自立的な公共圏であるといえる。

ＮＧＯやＣＳＯは、変動するグローバル社会において、人道支援、開発協力、政策提言、開発教育活動など従来からの役割だけでは十分でなく、「新しい役割」が求められている。彼らの「新しい役割」とは、第一に、未曽有の危機に対する支援・対応である。21世紀９・11米国同時多発テロに始まり、今日まで世界のいたるところで、かつて経験したことのない危機が発生している。例えば、いままで国内や二国間の枠内の中で発生した問題や危機が、国際テロ、欧州での大量難民移動、グローバル企業による国際的な租税回避行為、世界的な異常気象や自然災害などグローバルなレベルで国境を超えて暴力や危機が発生するようになった。こうした未曽有の危機の中で、ＮＧＯは平和構築や難民支援、社会的弱者の権利保護、航空税や租税回避に対するグローバル・タックスの導入や気候変動等の問題に対して、従来とは違った新しい迅速な支援や対応が求められている。

第二に、SDGs（持続可能な開発目標）の推進と問題解決である。SDGsは、2000年の国連総会で設定された国連ミレニアム開発目標（MDGs）が2015年に達成期限を迎えるにあたり、次期の開発目標として決定、環境保護を中心とする持続可能性と開発の両者を追求する開発目標として、2015年9月の国連総会で採択された。この提案は17の目標と169のターゲットからなり、持続可能な開発課題をカバーし、2016年から2030年までの15年間世界の国々はこの開発目標の達成に向けて取り組むことになった。NGOは、SDGsを解決するメンバーの一員であり、最前線の現場で活動しているので、より主体的にSDGsの問題に関わって行動することが求められている。

第三に、国家主導主義・権威主導主義に対する多文化共生・多元主義の形成である。今日世界各地で、国家の分断、孤立、難民・移民の排除が行われ、包摂・寛容社会の崩壊が進んでいる。シリア難民の流入や英国離脱など、市民社会が誕生した欧州で多文化共生・多元主義崩壊の危機にある欧州、民主化に代わり軍事政権が誕生したタイ、対外的拡張主義と国内の市民活動への締め付けを強める中国、安保改正と日本国憲法改正に向けて保守化と防衛武器装備輸出が進む日本などこれらの国々の国家主導主義・権威主義が強化されつつある。このような包摂・寛容・共生社会の崩壊や破壊の中で、NGOはどのような活動を進めていけばよいのであろうか。今NGOも含めた「市民社会」や「グローバル市民社会」による、世界の人々と社会の崩壊を修復し、「市民社会スペース」を確保し、共生する社会を実現していく「多文化共生」の再構築が求められる。

最後に、グローバル市民社会の意義を2点挙げる。1点目が「慈善」から「公正」への発展し展開したことである。NGOやCSOを含むグローバル市民社会が、当初戦争被災者や難民への人道支援活動としての「慈善」から時代の流れと共にその活動を質的に変化させ、貧困・援助・貿易・債務・格差などの南北問題やグローバルな構造的問題の背景や原因を分析し、問題の解決に向けての活動を多様化し、専門化し「公正」を求める活動へと発展している。2点目がグローバル時代の中で国家と市民社会間の公共圏の形成である。公共圏は国家や企業よるグローバル化と市民社会によるローカル化の間に立って、問題解決のための合意形成や政策形成を行い、人間が共存し共生できる「場」や「空間」を提供することが求められる。そのような「共存・共生できる公共圏」は、難民、避難民、被災者、障がい者の様な弱者が存在できるような空間であり、「市民社会スペース」として、そのような空間はグローバル市民社会が目指す空間である。

紛争の種、感受性の種

松村　史紀

同じ情景をまえにして、ひとの反応はじつに千差万別、都市の夜景ひとつとってもそうであろう。感銘を受けるひとがいるかと思えば、平凡な風景にすぎないと一蹴するひともいるし、毒々しい近代化だと嘆くひとさえいよう。「他」文化どうしはいうにおよばず、「自」文化内といえども、この種の違いは避けられない。人間社会はそもそも多様な個体の集うところであるから、ある意味では須らく多文化が共生していかねば成立しない社会であろう。だからといって、たがいに理解を深めることは容易なことではない。

ひとはおのれのことでさえ、ときに理解がおよばない。それが他者ともなればなおのこと、「相互理解」という標語は気休めの偽薬にはなっても、人間関係に含まれる誤認を覆い隠す毒にもなりかねない。いうまでもなく、みずからの知覚や想像には限界がつきもの、ならばいっそのこと観念してその制約を受けいれてしまえばよいものの、現代社会では可能性をはなから擲つような諦念はとかく評判が悪い。

さて、自身を知ることさえままならないはずの人間が、気がつけばおのれと似たようなものとして他者を理解しようとすることがある。すがた・かたちは違えども、みな同じ人間だという、どこか聞き覚えのある表現はその好例であろう。「人間」がそれぞれの個性を備えた多様で特殊な存在であると前提しながらも、たがいに分かりあえる共通の基盤があるはずだと早々決め込んでしまう。なければ無理をしてでもつくればよい。

小難しい話ではない。たとえば、意中の相手にたいしていだく淡い期待はその典型であろう。「同じ気持ちでいてくれたらいいな　針の穴に通すような願いを繋いで」（桜井和寿作詞「365日」）。これはじつに私的で密かな願望にすぎないが、やがて想いが切実になれば、これが強い道徳律に転じないとも限らない。みずからの理想像を他者に投影し、それを裏切る相手に不信と疑念を強め、ときにこれを叱責する。恋愛ひとつとっても、その実例にはこと欠かない。「相手を自分の理解力の圏内に閉じこめてしまうことは実は、相手に対する非常な無礼であり、抑制なの」だという言葉はやはり重い（福田恆存［1912―1994］『人間の生き方、ものの考え方』2015）。

だれもがおのれの理想を相手にぶつけるとすれば、たがいのすれ違いは避けられず、ときに紛糾は深刻になる。古の思想家、荘子のいう「義ニ就クコト渇（カワ）クガゴトキ者ハ、義ヲ去（ス）ツルコト熱（ヤ）カルルガゴトシ」（正義を求めることに情熱的であり急進的である人間ほど、正義に対して背を向けやすく、それを無造作にふみにじりやすい）（福永光司『荘子』1964）という知恵がいまなお色あせないのは、いつの時代も変わることなくこのような事態が新鮮に現れるからなのかもしれない。自然の状態からほど遠く、人為の最たるもの、強い正義感こそ紛争の種というわけである。

実際、正義と正義がぶつかりあうヨーロッパ中世最後の宗教戦争［1618年に始まった三十年戦争］――実態はそれほど単純な図式ではなかったが――は泥沼に終わった。普遍的な価値をめぐって際限なく争うこの宗教戦争を再来させないということから近代国際政治は出発した。ひとつの勢力が帝国と化し、他の勢力を圧倒し、多様性を押しつぶすことがないよう、複数の勢力を似たような力に止めておこうとする「勢力均衡」が近代外交の知恵となった。身勝手な力の拡大はたがいに自制しなければならないという、世界帝国への諦念がこの原理を支えていた。しかし、それも永続しない。フランス革命のころから潮目が変わりはじめ、20世紀には現代の宗教ともいうべきイデオロギーの時代が花開き、国際政治はまたもや普遍的価値を争う舞台に舞い戻った。21世紀になっても、事態は容易に変わらない。一方にグローバル・スタンダードをほこる「普遍的価値」――自立した人間個人の権利を最大限に尊重しようとするヒューマニズム的思想や観念――が首座を占め、他方にそれと闘う勢力――最も毒々しいのがテロリスト――がひかえる。たがいに譲ることを知らない正義感の強さは往々にして独善となり、亀裂の溝をいやおうなく深める。

「独善のもつ主たる汚点はその不正義にではなく、感受性の欠如にある」（エリック・ホッファー［中本義彦訳］『魂の錬金術』）。思想の内容そのものよりも、おのれを貫くために相手の非を責めてやまない、その頑なな姿勢にこそ独善の難がひそんでいるというわけである。そもそも他者のことはいうにおよばず、ひとは自身のことでさえ未知の領域を抱えている。これはあまりに平凡な事実だが、新奇なものばかりが目立つ現代社会にあってはとかく忘却されやすい。おのれにひそむ空虚を自覚することは、みずからの立脚点にも深刻な限界があるという当然の事実を受けいれることでもあろう。自己の正義にも限界があると諦めるこの空虚には異質なものが出入りする余地が残されており、感受性への扉はここにわずかに開いている。まさに「無用の用」、老子の説く「其の無に当たって、室の用有り」（家の中心のなにも無い空間があってこそ、家としての効用がはたせることになる）（金谷治『老子』２００７）というに近い。

さて、現代世界では個を尊重するヒューマニズムが地球を席巻していったが、他者への不寛容ははだしい事態は後を絶たない。これは皮肉というほかないが、ある意味では当然の帰結でもあろう。尊重すべき「人間像」を躊躇することなく他者に投影し、ときにそれを強要しようとすれば、どこかで紛糾はまぬがれない。現代世界の「普遍的価値」は洋の東西を問わず、古来の道理であったとはいいがたく、やはり特殊な色を帯びている。その色で地球を染め上げようとすれば、各地でそれに抵抗する守旧派と衝突する。

ひるがえって日本近世の江戸時代に目を移せば、ひとはまだ「人間を特別に崇高視したり尊重したりする」「ヒューマニズム」を知らなかった。取りたてて個をめでることはなかったが、「四季の景物、つまり循環する生命のコスモスのうちにおのれが組みこまれることによって完結する生」を享受していた。自然の摂理とともにある人間の生死は突出した存在というのではなく、とくに「不幸は自他ともに甘受するしかない運命」と諦めた。ひとびとは「人間という存在を吹けば飛ぶようなものと感じる感覚」を備えていたが、これが「一転して人間性への寛容」をもたらしたのである(渡辺京二『逝きし世の面影』2005)。

他者の存在をどこまでも尊重し、それにたいする理解を深めるというのは現代社会の美徳にはちがいないが、これは誤解と紛糾の種にもなる。むしろその美徳にも限界があるという諦念を自覚するところに、感受性と寛容を育てる種が埋まっているのかもしれない。須らく多文化が共生する人間社会にあって、これは貴重な種には違いないが、肥しをやらなければすぐに枯れてしまう。

多文化共生はなぜ実現が困難なのか
——主権国家体制の限界について

清水　奈名子

戦争と平和をめぐる問題について研究する国際関係論や平和学を学んでいると、多文化共生ほど実現が困難な社会目標はないのではと思うことが多い。多文化共生という言葉の意味を、ここでは「異なる文化的・社会的背景をもつ人々が、相互の権利と尊厳を尊重しながら共同で社会を構成し、生活すること」と定義してみよう。もしこの意味において多文化共生が実現していたならば、過去と現在に発生した多くの戦争や大量虐殺は、避けることができたはずだからである。「多文化共生は重要な社会目標であり、実現のために努力すべきである」と言われたら、反論することは難しい。その一方で授業や講演の際に、なぜこの問題について考えなくてはならないのか、と質問を受けることも多い。

戦争と平和に関わる歴史的な出来事を振り返れば、日本を含む多くの地域において、「国籍が違う」「民族が違う」「宗教が違う」といった理由で安易に人々の間に線引きが行われ、対立や憎悪が煽られ、殺戮や戦争が繰り返し行われてきた。有名な事例はナチスドイツ時代のユダヤ人迫害であるが、日本においても朝鮮、アイヌ、琉球、被差別部落をはじめとして多様な集団に属する人々が、根深い差別と迫害の対象となってきたのである。

多くの犠牲者を生むこれらの行為がいつ始まるのかと言えば、それは日常生活のなかでの偏見や差別が黙認され、放置される時である。日常生活における共生を脅かす行為の延長線上に、殺戮や戦争が待ち構えている。にもかかわらず、21世紀においてもまだ、多様な人々の共生の実現からは程遠い問題状況が世界各地に存在している。

その一方で社会の「多数派」である人々にとっては、多文化共生とは自分には直接関係のない、「

部の特別な人々の問題」にしか聞こえないかもしれない。しかし、共生の失敗が「多数派である我々」の問題になってからでは手遅れであることを、反ナチス抵抗運動を担った神学者マルティン・ニーメラーは、次のように警告している。

「ナチが共産主義者を襲ったとき、自分はやや不安になった。けれども結局自分は共産主義者でなかったので何もしなかった。それからナチは社会主義者を攻撃した。自分の不安はやや増大した。けれども依然として自分は社会主義者ではなかった。そこでやはり何もしなかった。それから学校が、新聞が、ユダヤ人が、というふうに次々と攻撃の手が加わり、そのたびに自分の不安は増したが、なおも何事も行わなかった。さてそれからナチは教会を攻撃した。そうして自分はまさに教会の人間であった。そこで自分は何事かをした。しかしそのときにはすでに手遅れであった」（丸山眞男（１９６１）「現代における人間と政治」より）

自分たちは迫害されていないから何もしない「多数派」の人々であっても、いつ線引きの「向こう側」に追いやられ、迫害されるかわからないという不安を常に抱えなくてはならない社会が、多文化共生に失敗した社会である。そうであるならば、多文化共生とは一部の人々のみに関わる問題ではなく、その社会に暮らしているすべての人々の権利を守るうえで重要な問題となる。

すべての人々の権利保障にとって重要な問題であるにもかかわらず、なぜ多文化共生の実現は困難なのだろうか。そもそも人間関係における偏見や対立は避けられないのだから、それらを乗り越えることを目指す多文化共生という社会目標自体に問題があり、理想主義的な建前に過ぎない、とする批判も存在してきた。

こうした批判には、しかしながら大きな誤解が含まれている。社会目標とは本来、まだ実現していない「今とは異なる社会」を描くものであり、現実を説明するものではない。このような社会目標がもつ特性は、憲法や国際人権法などの法規範にも共通する。現実の社会に問題があり、犠牲となっている人々がいる以上、それらの問題を解決し、犠牲を減らすために必要な社会の在り方を構想する、まさに「理想主義的な建前」こそが必要なのである。多くのそうした「建前」が社会の目標とされ、その後法規範となって、今を生きる我々が恩恵を受けている幾多の権利を生み出してきた。多文化共生はこうした権利獲得のために続けられてきた不断の歴史的営みの、最前線にある。

それでは、多文化共生のための法律を国家が成立させ、国民がそのルールに従うよう促す政策を採用すれば、問題は解決するのだろうか。

国際関係について研究している立場からすれば、これが答えるのが最も難しい問いである。なぜなら、問題解決の役割が期待される国家自体が、実は国籍や民族によって線引きし、その格差を制度的に生み出すことによって維持されているからである。多くの人々の犠牲を生んだ植民地支配や侵略戦争、大量虐殺の実行役を担ってきたのは、ほとんど常に主権国家であった。同じ人間であっても、「自国民」か「外国人」かによって線引きをする権限もまた、国家が握っている。このような国家が集まって作る国際体制自体が、実は多文化共生を阻む最大の制度的要因であり、人々に「外国人」「移民」「難民」「敵国人」を異質な他者として認識させる枠組みを設定してきたのである。

さらに掘り下げて考察するならば、国際関係の前提となっている主権国家や国際法は、そもそも欧州の一部の地域で作られた制度が、植民地主義の暴力のもとで世界に押し付けられてきたという歴史的な背景をもつ。特定の地域の文化や価値観を一方的に押し付けて成立した制度のもとで、はたして多様な社会の実現は可能なのかという矛盾に満ちた難問が立ち現れるのである。

多文化共生とその実現困難さについて考察することは、私たちが当たり前の前提として受け入れている、主権国家からなる世界の問題性に向き合うことを要求する。制度のために人間が存在するのではなく、人間のために制度が存在するのであるならば、「今とは異なる社会」を主権国家の枠組みを相対化しつつ構想していくことが、戦争と平和をめぐる学問分野における最も困難な、しかし避けることのできない喫緊の課題なのである。

1 . 多文化共生を学際的に考える／ C. 経済・環境・開発・政治

コラム

やま」でも宣伝され、参加者がフェイスブックを通してコメントや写真を投稿し、投稿数は3年で3倍に伸びている。

栗山の観光まちづくりは始まったばかりだが、本事例で外部者の役割は何だろうか。まず協力隊として移住してきた外部者によって、地域の資源が発見、再認識、そして観光資源として活用された。地域資源は、そこに住んでいる人々にとっては日常生活の一部であり、先祖から受け継いできた習慣や行事であるため気づきにくいが、外部者が加わることで再発見することにつながった。外から来た観光客と交流することで、地域の人が地域の資源や誇りを改めて認識することもできる。1年をとおして実施する本格的なツアーは栗山では初めてで、ツアーを通して初めて地域資源が観光資源として切り口を変えて活用された。また多様化する観光客にとって情報発信のプラットフォームとなるウェブサイトの構築や、SNSを通した情報交換は、新たな観光客の開拓やリピーターの確保という点から有効である。

栗山には協力隊の任期が切れた後も、引き続き住みながら様々な地域の活動を担っている若者がいる。四季折々の自然環境、温泉、歴史と文化等、多くの地域資源の中から、栗山の魅力は何かと聞いてみたところ、その答えは「人」とのこと。地方は高齢化に起因する閉鎖的なイメージがあるかもしれないが、栗山は外部から移住してた協力隊を寛容に受け入れ、お互いの意見を尊重しながら観光振興や地域の様々な活動を一緒に行ってきた。年齢、出身地といった異なる文化背景を持つ人々がお互いの資源や可能性を認め合いながら暮らしていく多文化共生の土台が栗山にはある。

天空の湿原「鬼怒沼」
(出典:「5秒でくりやま」)

コラム

観光まちづくりにおける外部者の役割と多文化共生 ―栗山ツアーの事例から

飯塚　明子

2006 年の日光市の合併で「栗山」という地名は住所から消えた。栗山は 1970 年代のいわゆる「温泉ブーム」で宿泊客数が増えたが、1995 年以降宿泊客数は減少の一途をたどり、2011 年の東日本大震災の影響で観光客は 30%も減った。歴史や文化、雄大な自然環境が残る栃木県の最北西部に位置する栗山は、日光市の 30%の面積を占めるが、人口は 1,260 人で日光市全体の人口のわずか 1.5%で、65 歳以上の人口が全体の 43%を占め、高齢化と過疎の問題を抱えている。

活気のある栗山を取り戻すため、温泉以外の観光振興はないだろうか、栗山の魅力は何だろうかと外部から栗山に移住した地域おこし協力隊は模索した。地域おこし協力隊（以下協力隊）は主に 20 代から 30 代の若者が人口減少や高齢化が著しい地方に数年間移住し、地域活動を行う国の制度である。栗山ではこの協力隊が中心となり、2014 年に「鬼怒川源流・栗山ツアー」（以下栗山ツアー）が始まった。栗山ツアーは、地元の旅館組合、商店経営者、日光市観光協会等と、協力隊からなる実行委員会が、ツアーの企画や運営を行い、鬼怒川源流部の山、滝、湿原のトレッキング、湖のカヌー、スノーシュー、里山体験等の 20 種類のアウトドア体験プログラムを年に約 30 回実施している。トレッキングでは関東一落差のある布引の滝、日本有数の高層湿原である鬼怒沼（写真参照）等、四季折々の雄大な自然を体験し、里山体験では郷土芸能である獅子舞鑑賞、ハンター体験、ワラビ採りといった古くから受け継がれてきた里山の生活を体験することができる。栗山ツアーを実施した最初の年は 100 名だったツアー客が、翌 2015 年は 127 名に増え、2016 年は 298 名と 3 年間で 3 倍に増え、2016 年以降は定員を大幅に超えるツアーもあった。またリピーター客が年々増え、2017 年にはツアー客の半分以上がリピーターで、参加者の満足度がうかがえる。このツアーは協力隊が同じ時期に始めた栗山の観光ウェブサイト「5 秒でくり

コラム

第２に、留学生と日光市民による「顔の見える関係づくり」が行われたことである。今回の事業では、大学のアジア、欧米など外国人留学生、留学経験がある日本人学生、教員・職員、自治体の職員、日光市国際交流会員、商店街や旅館の地元の住民、地域おこし協力隊員が一緒に会議やフィールドワークをしながら、お互いのコミュニケーション力の向上が図られた。これらのフィールドワークを通じて、世界遺産の東照宮や日光の地域・文化・歴史・観光・過疎・高齢化の現状と課題について、留学生と日光市民の間に相互理解や共通認識が生まれ、「顔の見える関係づくり」につながった。

第3に、日光市の地域資源や観光資源を再発見し、提言や提案が行われたことである。日光プロジェクトでは、日光市が有する地域資源、観光資源の発展について、日光市の各エリアにおいてアンケートを行い、外国人留学生・海外経験のある学生などの視点から、国際交流都市日光としてなすべき政策、方法、展望が明らかにされた。特に、2017 年度には日光市栗山地域の地域おこし協力隊の疋野吾一さんや湯西川館本館の伴弘美さんからは、過疎地である湯西川、街への観光客の集客、かまくら祭りなどまちおこしのご苦労や課題を聞くことができたのは、留学生にとっても母国語に帰国してからも価値のあるお話だったのではないだろうか。

最後に、日光プロジェクトは、３年目となり、国際学部や日光市による継続性のあるプログラムになった。2017 年度からは宇都宮大学の「地域連携・貢献活動事業」の助成を受け、日光市からも資金的な支援を受けた。本プロジェクトが、今後とも大学と自治体の協働事業のモデルケースとして、留学生・海外経験のある学生が参加し、外国人滞在の増加など国際観光都市を目指す日光の魅力を再発見していきたい。そして、留学生には日光市の現状や課題について、観光開発や地域開発の視点からそれぞれの母国や世界に SNS などで発信してもらうことを強くお願いしいたい。

湯西川水の郷前での全員記念撮影
(2017 年 12 月 10 日)

コラム

日光プロジェクト

重田　康博

宇都宮大学国際学部附属多文化公共圏センター（CPMS）は、これまで日光市国際交流協会による交流事業「食から世界を考える」に協力し、海外の食文化を紹介するセミナーを開催してきた。そして2015年度からはCMPSと日光市がこれに協力し、「外国人留学生と留学経験から見る日光の観光開発プラン『世界遺産＋1』（栃木県大学・地域連携プロジェクト支援事業）が国際学部の外国人留学生（比較文化論演習：ライマン教員）、および留学経験日本人学生（卒業研究：渡邉教員）によって実施された。次に2016年度にはCMPSと日光市国際交流協会による主催事業として、「国際交流都市日光の再発見!―学生が考える日光のもう一つの地域発展プラン―」を実施した。さらに2017年度からは「国際交流都市日光の再発見―『まちづくりと観光開発』を留学生と考える」が行われた。

これらの事業は「日光プロジェクト」と呼ばれ、「国際交流都市日光の魅力」を①国際観光開発、②文化遺産、③国際交流、④地域づくり、の視点から再発見し、留学生と海外経験のある日本人学生の気づきによる「まちづくりと観光開発」のためのフィールドワーク、シンポジウムを通じて提案を行い、日光市に対して国際貢献・地域貢献していくことを目的としている。

特にフィールドワークは、①2015年度：日光・奥日光、鬼怒川・川治・湯西川、東照宮・川俣、足尾、②2016年度：日光・東照宮、中禅寺湖、③2017年度：日光・東照宮、栗山地域湯西川で実施され、各地域で外国人留学生や日本人学生によるインタビューが行われ、フィールドワークの結果は、最後のシンポジウムでパワーポイントによる発表や提案にまとめられている。

それでは、この3年間を通じて「日光プロジェクト」にはどのような成果があったのであろうか。

第1に、大学と自治体による共同事業として行われたことである。大学と自治体が一つの事業を実施する場合、どのような企画を立て運営していくのか、大学と自治体が資金、知恵、意見を出し合い、お互いの長所や役割を生かしながら、どのように事業を実施していくのか、事業の最初から最後までそのプロセスに関わることが非常に重要であった。今後本プロジェクトが大学と自治体が事業を行う場合の一つのモデルケースになるのではないだろうか。

2. 多文化共生を国際的に考える

A．アメリカ〜ヨーロッパ

奴隷を作り出すこの世界の仕組み
——映画『ブレードランナー』から「共生」を考える

田口　卓臣

先日、久しぶりにSF映画の金字塔『ブレードランナー』（1982年初公開）を見返した。監督はリドリー・スコット、原作はフィリップ・K・ディックの小説『アンドロイドは電気羊の夢を見るか？』である。AIが急激な進歩を遂げる中、人間と同等の知性や感情を持つロボットを描いたこの映画の重要性は、今後も更新されていくだろう。

しかし私が感じたのは、そのような時事的な関心に留まるものではなかった。

舞台は、近未来のロサンゼルス。何より目を引くのは、様々な移民が行き交う繁華街である。そこでは、日本の職人がヌードルの店を出し、カンボジア女性が何かの品物を鑑定している。アジア風の托鉢僧が列をなし、国籍不明の行商人がダチョウを引き連れている。アラブ風の音楽が流れる公道には、中国語の刻まれた墓のような石碑が立ち並ぶ。蛇のロボットを転売するトルコ系移民の小売店の脇では、チャイナタウンのナイトクラブが繁盛している。ダウンタウンの横町に入ると、マヤ文明の遺跡にも似た高層マンションがそびえ建つ。

もちろん、様々な場面でやりとりされる言語も多様極まりない。英語、日本語、中国語、韓国語、スペイン語、その他数多くの聴き取り不能の言語が、ノイズのように画面から溢れ出てくる。この映画が描くのは、多国籍的かつ多言語的な空間であり、文化も生活様式も異なる者たちが密集する坩堝《るつぼ》なのである。

右のように書くと、スリルと躍動感に満ちた作品を想像する人もいるかもしれない。ところが、この映画を覆っているのは、一貫して重苦しく淀んだ空気である。

例えば、最初から最後まで絶え間なく降りしきる冷たい雨は、相次ぐ戦争や環境破壊によって、高濃度の有毒物質に汚染されている。どんよりとした繁華街の頭上には、高層ビルの断崖から妖しげな広告映像が、シャワーのように降り注いでくる。その谷間を縫いながら飛行する警察車の監視網は、中心街から郊外の隅々まで行き渡っている。それゆえ、主人公リック・デッカードの一挙手一投足は、警察当局に筒抜けである。何しろ当局は、彼の夢の内容さえも克明に把握しているので、デッカードの隠れる場所は事実上、どこにもないと言うべきだろう。

要するに、この映画が描き出す多文化主義的な空間は、ユートピアのイメージとは似ても似つかない。それどころか、国家権力と大企業によって、徹底的に欲望と行動を管理された人間たちの末路にすら見えてくる。こうした陰鬱な世界観を強調するかのように、無気味なシンセサイザー音楽が執拗にかき鳴らされていく。

だが、私がそれ以上にやるせなさを覚えたのは、次のような映画のストーリーに対してであった。――人類は、地球の環境汚染が深刻化する中、「地球外植民地」の開拓を進めなければならなくなった。高度の科学技術を経営に取りこむことで成功を収めたタイレル社が、この必要に答えようとした。人間と同等の知性や能力を備えた人造人間を開発し、植民地での危険な開拓労働に当たらせたのである。ところが、その人造人間たちが反乱を起こし、スペースシャトルをハイジャックした末に、地球本土に乗りこんできた。彼らの目的はただ一つ、設計時にプログラムされた短い寿命を取り消させること、そして自分たちにも人間と対等に生きる権利を認めさせることであった……。

私はこうした映画のストーリーを追いかけながら、人類の未来のことよりも、むしろ現在に至るまでの具体的な歴史を思い起こさずにはいられなかった。事実、近代ヨーロッパを初めとする先進諸国で成立した社会秩序は、必ずと言っていいほど、その秩序の外における植民地奴隷の過酷な労働によって支えられてきた。マジョリティとしての「人間」たちが、お互いの自由と平等を認めあい、自分たちの安全と安心を確保するためには、そもそも同じ「人間」になる道を絶たれた者たちの労働が必要不可欠だったのである。そしてこの映画によれば、多文化主義的な共生空間もまた、その種の奴隷労働に支えられている、ということになる。

自分が暮らす現実の社会には、必ずしも関係がないことだ。そう考える読者もいるかもしれない。しかし、本当にそうだろうか。私たちは安いメイド・イン・チャイナの服に身を包み、どこかのプランテーションで作られた手頃な値段のコーヒーや紅茶で喉を潤している。私たちがスーパーで買い漁る食材の多くは輸入品であり、私たちのペットが食べる缶詰でさえ東南アジアの工場で作られている。これらの品々を気軽に手に入れることができるのは、私たちの日常生活の圏外において、原価をはるかに下回る低賃金で大量生産に従事する人たちがいるからである。

過酷なのは、国外環境ばかりではない。私たちが乗る車には、隈なく生活を管理された派遣労働者の汗が染みこんでいるかもしれない。福島原発で作られた電気は、福島県にではなく、首都圏に住む私たちに向けて送られていたが、その原発の爆発によって10万人の人々が故郷を奪われたのだとすれば、私たちの消費生活こそがこの巨大な故郷喪失の悲劇をもたらしたとも言えるのではないか。また沖縄では、米軍機の事故や米軍兵による暴行事件が後を絶たないが、日本全土の面積の１%に過ぎないこの小さな島に、在日米軍基地の75%が集中している事実を思い出してみよう。私たちが「人間」として享受している快適で安楽な暮らしは、たくさんの人々の傷や痛みを土台としているはずなのだ。

ある共同体の中で多文化共生の理念を追求し、そのメンバー間で自由と平等を確保するのは必要なことである。しかし、この世界の差別の仕組みが続く限り、「人間」という名前を持つ私たちマジョリティは、必ず自らの自由と平等の圏外に「奴隷」を作り出すことだろう。『ブレードランナー』が私に突きつけたのは、このような過酷な現実だった。

ただ、私はこの映画のラストシーンに、不断に奴隷を作り出す世界の仕組みを断ち切るためのヒントがあるとも感じている。そこでは、もともと人造人間の殺害を任務としてきた主人公が、ある痛切な自己認識に到達している。主人公は、実は自分もまた、奴隷と変わらぬ不安定な生を運命づけられた、本質的に弱い存在でしかないということを自覚しているのである。その時、かつてマジョリティであることに自足していた彼は、一つの決断に出ることになる。そのプロセスについては、どうか映画を見ることで確かめてほしい。

おそらく真の「共生」を語る資格を得るためには、このような自己認識の転換が不可欠となる。私は今後の研究を通して、どうすればその転換が可能となるのかを問い続けていくだろう。

米国における多文化主義と少数派
――19世紀末のアフリカ系アメリカ人作家

米山　正文

米国に関して「多文化共生」という言葉を耳にしたことはない。多文化主義という言葉は専門書などで目にすることはある。しかし、カナダやオーストラリアと違い、国策となっているわけでない。このことについて、明石紀雄・飯野正子『エスニック・アメリカ』（２０１１）では以下のように書かれている。

多文化主義は一国内に異なる複数の人種・民族が共存することを認識し、それぞれの集団が保有する独自の文化を他の集団に属する者も理解・尊重することが望ましいとする考え方である。現実的には、過去ならびに現在ある差別的障壁の撤廃を図る一方、機会均等のための制度的改革が策定され、実施されることを指す場合は多い。たとえば、カナダにおいてはフランス系住民の多いケベックの分離・独立を求める動きへの対応の必要性から１９７１年、二言語主義（bilingualism）・二文化主義（biculturalism）が正式に政策として採用された。その後ウクライナ系住民およびアジア系住民の要請を受けて、二言語多文化主義へと移った。

オーストラリアでは、白人以外の移民を事実上禁止することを旨とした政策（白豪主義）への批判にこたえて、政府交付金による多言語放送および非英語系住民への登用などの政策が取られている。

アメリカでは一部の地域で英語とスペイン語の二言語常用などの多文化主義的政策が見られるが、カナダやオーストラリアのような規模ではない。アメリカではむしろ「西洋白人男性」を基準とする価値観に対する「異議申立て」の観があり、政治的よりむしろ「文化戦争《カルチャー・ウォー》」の様相をもつ。

すなわち、米国においては、「白人」とされる人々（2010年の国勢調査で72.4%を占める）が形成してきた支配的文化への「異議申立て」が、多文化主義的な動きということになる。「男性」とあるのは、1960年代以降のフェミニズム運動の影響による。

この「異議申立て」について、ここでは、長年米国最大の少数派であり20世紀後半の公民権運動を主導した、アフリカ系の試みに焦点を当てたい。19世紀末から20世紀初頭、人種差別が最も激しかった時代の、二人の黒人女性作家の作品を取り上げる。一つはフランシス・ハーパー（1825〜1911）の『アイオラ・リロイ』（1892）、もう一つはポーリーン・ホプキンス（1859〜1930）の『対立する勢力』（1900）である。

『アイオラ・リロイ』はまだ南部に黒人奴隷制があった19世紀前半から物語が始まる。主人公アイオラは白人農園主の才媛として育った。ところが、父の死を契機に母が元奴隷であったことが判明し、突然「黒人」として奴隷化される。小説は、その後の南北戦争（1861～1865）によってアイオラが自由になり、離散した家族と再会し、最後は黒人のラティマー医師と結婚するという展開になる。『対立する勢力』は、『アイオラ・リロイ』より後の時代、19世紀末の北部の都市ボストンが舞台である。黒人コミュニティで下宿屋を営むスミス夫人と、2人の子供、ウィリアムとドラを中心に物語が進む。ウィリアムは下宿屋に住むサフォーというタイピストの女性と恋仲になるが、ある事件をきっかけに離別する。ドラにはジョンという法律家の婚約者がいたが、別れ、黒人教育家アーサーと結婚する。物語は、ヨーロッパ留学を終えたウィリアムがサフォーと再会するところで終わる。

両作品とも様々なテーマやメッセージが読み取れる傑作であるが、ここでは、黒人に対するステレオタイプの問題と、少数派としての民族的団結の2点にのみ触れたい。

19世紀後半、白人が多数派を占める米国において、ダーウィンの進化論の考え方を人種差別に応用する動きが広がった。すなわち、白人は「もっとも進化した人種」であり、非白人は「進化の遅れた」「劣等の人種」であるという考えが生まれた。とりわけ、南北戦争後に約400万の奴隷が解放され、最大の少数派であった黒人は脅威となり、動物や子供に近い存在というイメージが流布され、そのイメージは差別や支配、人種隔離やリンチを正当化する口実にもなった。黒人男性は白人女性を襲う危険な動物、黒人女性は白人男性を誘惑する娼婦や愛人であるとする、過激なステレオタイプも普及した。

『アイオラ・リロイ』において作者ハーパーは明らかに、こうした黒人女性へのステレオタイプを覆そうとしている。主人公アイオラは、当時白人の中で理想的な女性像とされていた、宗教的敬虔さや純潔、家庭的特質を体現している。アイオラは白人の愛人になることを拒否し、また看護婦として母性を発揮する。『対抗する勢力』において、ホプキンスもサフォーを理想像に近づけている。サフォーはかつて白人男性に暴力的に娼婦にされた過去を持っている。しかし、その秘密を暴露すると脅すジョンの愛人になることを拒否し、ウィリアムと離れ、私生児の母親として献身的に生きていくことを決意する。

両作品には、差別され抑圧された少数派としての民族的結束の意識も色濃く出ている。アイオラは外見は「白人」であるが、「黒人」であることを公言し、黒人として生きていくことを選択する。白人のグラシャム医師に二度求婚されるが拒絶し、彼女と同じような決意を持つラティマー医師と結婚し、南部の黒人コミュニティの中で教育に尽力する人生を選ぶ。『対抗する勢力』でホプキンスは、語り手を使って当時の黒人の民族的文化を紹介しようとしている。コミュニティの中の教会を中心とした慈善市の様子、日常的な会話表現やユーモア、音楽やダンス、政治集会などを意識的に解説している。こうした文化の探求には、少数派として生き延びていくために不可欠な、民族的誇りと結束を高めたいというホプキンスの思いがある。

以上、19世紀末の2人の黒人作家の作品を見てきたが、米国において多文化への認識を高めるには、少数派による支配的文化への異議申立てが欠かせない。それが「共生」につながるのかどうか即断はできないが、少なくとも重要な第一歩なのである。

真に求められるグローバル人材とは
──アメリカの多文化主義と日本の多文化共生を踏まえて

戚　傑

「多文化主義」は、国民国家の誕生とともに生まれた概念であるが、約半世紀以上も前から、多民族国家であるオーストラリア、カナダなどで頻繁に語られるようになり、次第に社会政策に取り入れられるようになった。1980年代に入ると、アメリカでは、多文化主義を「教育の場や職場で、人種、エスニシティ、宗教、性別、性的指向、言語などに見られる、人びとのあいだの多様性を尊重しよう、という方針や動きを指す概念」とする共通認識が確立され、徐々にその考え方が社会全体へと浸透していった。

アメリカにおける多文化主義について特筆すべきは、いわゆる「外国人」やエスニック・グループの権利を擁護する素朴な思想から、女性、障害者、性的少数者などを含むありとあらゆるマイノリティの社会的地位向上を図るための理論武装に使われるようになったことである。つまり、アメリカ社会では、多文化主義の考え方がボトムアップ型の社会変革運動を支えるための闘争哲学へと変貌を遂げたと考えられる。このように、多文化主義は、西欧文明偏重、白人中心主義や男性中心社会といった従来の社会秩序への異議申し立てであり、「不公平」に扱われてきたマイノリティ文化への承認、社会地位の確保や経済救済を求めるものでもあったと理解することができる。

アメリカでは、多文化主義はすでにゼロサムゲームの様相を呈しており、多くの保守勢力が、この戦いに負けると既得権益を失うと考えられている。このため、多文化主義に対する抵抗や反発の動きが強まり始めている。第四十五代合衆国大統領ドナルド・トランプも、アメリカ社会で広がる多文化主義への批判を積極的に利用し、社会のあらゆるマイノリティに対して差別的な言動を大統領に就任してからも取り続けている。このようなことから、アメリカ国内のみならず世界中のメディアやアカデミズムから、トランプ大統領がアメリカ社会を分断したと評されているのだ。

日本では、「多文化主義」という言葉よりも「多文化共生」のほうがより馴染みやすいだろう。この「多文化共生」という言葉は、２００６年３月に総務省が策定した「地域における多文化共生推進プラン」をきっかけに一般に広まったと言われる。このプランでは、外国住民の受け入れ、外国人住民への生活支援と（日本人）住民の異文化理解力の向上を基本方針として掲げている。同様に、2017年3月には、総務省による「多文化共生事例集―多文化共生推進プランから10年　共に拓く地域の未来」プランにおいても、「日本人住民」と「外国人住民」という二項対立的な「共生」が掲げられている。

このように、多文化共生はイデオロギー的色彩がなく、政府主導によるトップダウン型の政策目標として掲げられ、政策立案者の意図が強く反映される形で利用された。一方で、このような日本的多文化共生のあり方に対する厳しい批判も出され始めている。まず、多文化共生という用語が総務省の政策立案に使用される場合、均一な日本文化の存在を前提し、日本人はあたかも皆同じで、均一な文化、価値観や習慣を共有することが求められているように語られる点についての指摘である。この「均一性」または「国民的純粋さ」という概念は、社会心理学者小坂井の指摘を踏まえれば、「雑種性」を排除したうえでの虚構である。つまり、これからの日本における「多文化共生」のあり方は、日本人と外国人という二項対立から脱却し、日本人の女性、障害者、低所得者や性的少数者なども含み得る多様なマイノリティとの共生の在り方を志向していく概念へと昇華されなければならないのではないだろうか。

近年では、これまでの外国人住民との間に生じた問題を地域社会の中に閉じ込めて解決しようとする多文化共生推進政策の限界も見えてきている。元来、「多文化主義」も「多文化共生」も、どちらも「グローバル化」の産物である。現代のグローバリゼーションでは、ヒト・モノ・カネ・情報が国際的に移動することで、経済効率が向上する一方で、貧困や紛争、人権の抑圧、感染症や環境問題など一国のみで解決できない地球規模の脅威・課題が同時に作り出されてきた。その結果、グローバル化による便益の一方で、リスクや脅威も国際社会で共有されることになった。これらの脅威に真正面から立ち向かうこと以外に問題の根本的解決はないであろう。

ここまでくると、筆者の思い描くこれからのグローバル人材像はもはや自明であろう。貧困や紛争、人権の抑圧、感染症や環境問題など地球規模な脅威・課題に立ち向かう意志と勇気と能力を有する人材が、これからのグローバル人材である。

近年では、一般的に、身近なグローバル人材と聞くと、多国籍企業で活躍するビジネスマンや、外国人労働者を活用して地域社会の再生を図る企業家や社会活動家が想起されることが多い。しかし、このような人材は、グローバル人材の定義の一例に過ぎない。なぜなら、グローバル人材とは、活動の動機と手段が問われ、ともに人類の普遍的価値――人権、民主主義、文化と自然の多様性などに合致した正当性を担保される必要があるからだ。つまり、グローバル人材には、目標達成・実現能力に加え、善悪に関する価値判断を下す能力も備わっていなければならない。この善悪観が、あらゆる脅威に立ち向かう意志と勇気を生み出すわけである。

歴史を振り返ると、どんな脅威や悪も小さいうちに対処していく必要性があるのだ。このように考えるなら、今日の社会では、例えば、現地生産の担当社員として、バングラディシュの縫製工場における児童労働に目をつむることなく、改善を求める勇気を持っている人がまぎれもなく立派なグローバル人材と考えることが出来るはずである。同様に、アフリカのコーヒー農園における奴隷的労働環境にノーといえるバイヤー、日本の町工場における外国人研修生への人権侵害に異議を唱える従業員、独裁政権の役人からの賄賂要求を拒否した商社マン、伝染病や自然災害から人々の命を守るための研究を日々続けている研究者たち、海面上昇に人々の生命財産が脅かされていることを知り地球温暖化防止活動に参加しはじめた大学生も、すべて立派なグローバル人材である。

このような今日の国際社会が直面する課題に、信念と勇気をもって行動することができる人材の育成はどうすれば成し得るのか、まさに今日の教育者への挑戦である。

亡命ロシア人とモダニズム

大野　斉子

ロシア革命の百周年にあたる2017年はロシアをはじめ日本でも記念行事や出版などが行われたが、全体として華々しさよりも、歴史を再考しようという機運に満ちていた。ソ連崩壊後、ロシアの国際的な位置付けは大きく変化したが、ロシア革命によって世界で初めて樹立された社会主義国家のソ連が、政治的にも理念上も極めて大きな存在であったことは確かである。本稿では、現代という時代が形成されようとしていた20世紀の初頭に、革命とロシアの文化がもたらしたものについて、亡命を通じた文化間の出会いに留意しながら考えていきたい。

ヨーロッパ文化史における、近代から現代へ向かう文化的変動の中でも画期とされるのが、1914年に始まった第一次世界大戦である。歴史的に重要な出来事が社会・文化全般にわたる大きな思想的転換をもたらし、それが今日まで世界の構築原理として引き継がれているという認識だ。だがこれは西ヨーロッパを中心とした見方であり、その後の世界の歩みを考えるならば、転換をもたらしたもう一つの歴史的事件としてロシア革命をあげなくてはならない。

ロシア革命は一般には、帝政を支えた地主貴族やブルジョワジーが権力と富を独占する社会構造を転覆し、ボリシェヴィキが労働者と農民のための社会主義政権を樹立したという政治・経済面からの説明がなされることが多い。確かにその通りなのだが、ロシア革命の理念的支柱となった革命思想は、政治的イデオロギーの枠をはるかに超えて文化や人間の世界のあらゆる領域を巻き込む広がりと深さを備えていた。それをあえて要約すればこう表現できる――人間は未だ地上に実現されていない、完全に新しい世界を作り上げる。そしてそこでは人間自身も根本から新しい存在に生まれ変わるのだ――と。ロシア革命はあらゆる芸術を動員して理念を現実世界に実現するため社会を一から作り直そうとする極めてラディカルな文化運動でもあったのだ。

では、ロシア革命を胚胎した帝政期のロシアとはどのような国だったのだろうか。あまり知られていないが、20世紀初頭のロシアはヨーロッパにおける文化の先進地域だった。文学の理論的研究の発端となったロシア・フォルマリズムは革命前から活動を開始し、芸術分野ではバレエ・リュスが、革新的なバレエを作り上げて西欧に衝撃を与えた。科学と思想の分野では19世紀末に早くも近代航空機や宇宙ロケットの原型を考案したツィオルコフスキーによる独自の宇宙論など、現代を先取りするかのような宇宙思想も展開された。世界で初めて社会主義国家を建設した革命思想は、先進性の点で際立っていたが、その源流の一つには、死者の復活や人間の神化を説く正教から発し、19世紀の思想家たちのもとで展開した全人類の復活というヴィジョンや独自の宇宙論があった。

帝政ロシアの文化にとって、革命が大きな打撃となったことは間違いない。革命から内戦期にかけてボリシェヴィキによる知識人や芸術家、文化を支えた支配階級への政治的な圧力は過酷だった。

しかし革命はロシアの文化に、それまでになかった大きな転回をもたらした。旧体制の支配階層、ソヴィエト政権に賛同できなかった知識人、芸術家たち、そのほか大勢が祖国を捨て、亡命したのである。その数は百数十万人に及ぶとされる。彼らは白系ロシア人と呼ばれ、フランス、ドイツ、チェコスロヴァキアなどのヨーロッパ地域を始め、中国東北や日本を含む東アジア、南北アメリカ大陸など世界中に移住した。ロシア革命は亡命者を生み出したことによって、奇しくも未曾有の規模による先端的文化の拡散を実現した。

多くの白系ロシア人が亡命先に選んだのはヨーロッパ、中でも言葉に不自由の少ないフランスだった。亡命ロシア人への風当たりが強いフランスで暮らす上で、差別や軋轢は多々生じたが、それでも仕事を見つけやすいパリには大勢のロシア人が移住した。

同時代のパリは国際的な文化都市でもあった。例えばピカソやエコール・ド・パリに属するシャガールや藤田嗣治のように、フランス以外の出身の画家たちが活躍したことは有名だ。1920年代を中心として現代芸術が世界的な広がりのなかで作り上げられたこの時代をモダニズムと呼ぶが、その文化的活況にはパリにおけるように、世界中から集った才能の接触と交流があった。

ロシアの亡命者の活躍は目覚しかった。エルネスト・ボーという調香師は、フランスに亡命後、シャネルNo.5をはじめとする香水を次々と生み出し、香水産業に多大な貢献をした。ロマノフ王家のマリヤ大公女は、ロシア刺繍や宮廷文化の知識を生かして、パリにファッションブランドを立ち上げ、成功を収めた。音楽家ストラヴィンスキーの活躍もよく知られている。モダニズムの芸術は、民族性を超え、美術や音楽の枠内にとどまらず、新たな時代のヴィジョンを描き、時代をデザインするものであった。白系ロシア人の手によって、ロシアの文化はモダニズムの洗礼を受け、現代の文化として大きな展開を見たのである。

先にあげた亡命者たちが興味深いのは、ロシアにいたとき以上に、亡命先で活躍したことである。そのことは帝政ロシアの文化全般についてもいえる。革命を経て、あるいはロシアの外側に触れたことによって、復活のヴィジョンや宇宙思想は形を変えて現代の想像力に受け継がれた。新たな時代状況や技術革新が実現した、西側のクローン技術やソ連における宇宙工学などもこうした想像力とつながっている。ロケット「ソユーズ」ソ連時代に開発の始まった国際宇宙ステーションは今でも活躍中である。アメリカとの競争や他国の技術との融合なしに、それは可能だっただろうか。

20世紀初頭にヨーロッパ地域で文化の最先端をひた走っていたロシアは、間違いなく「現代」の源流の一つであった。だが、おそらく、それを飛躍的に展開させたのは、亡命や他国との葛藤を介した文化の交流だった。多文化の共生する場は争いも起こるが創造性に満ちている。ロシア革命は、世界各地にこうした場を生み出したという点においても、「現代」の出発点だったのである。

教育における多文化共生
――ドイツにおける母語教育の展開を題材として

立花　有希

多文化社会は多言語社会だ。そして、社会が多言語化すれば、学校も多言語化する。しかし、学校教育がそれまでのモノリンガル（単一言語的）な枠組みや慣習から抜け出すことは容易ではない。ドイツの教育学者イングリット・ゴゴリンは、１９９１年刊行の『マルチリンガルな学校のモノリンガルなハビトゥス』（未邦訳）でこの点を鋭く指摘した。モノリンガルで育つことを暗黙の、そして当然の前提とした教育では、複数言語で育つこどもは、その言語的なルーツや経験を評価されず、授業言語が母語でないことのハンディキャップのみを負うことになる。一般にそのような状況の中で、例外的にマルチリンガルな教育の萌芽を含む実践もドイツにはあった。母語教育である。

母語教育とは、一般に、母語が公用語でない場合の母語の教育を指す。母語が公用語の場合は、ドイツではドイツ語教育、日本では国語教育というように○○語教育と呼ばれるからだ。さて、その母語教育は、それが持つ意味の大きさにもかかわらず、どの国でも社会的な認知が進みにくい。社会のマジョリティ（多数派）にとって、母語教育は自分には必要のないものだからであろう。それなのに、なぜドイツで母語教育が導入されたのか。その背景には当時の社会状況が影響している。

ドイツ連邦共和国では、戦後、イタリア、ギリシャ、トルコ、ユーゴスラビアといった国々との二国間協定に基づいて多数の外国人労働者を受け入れた。それにより、1960〜70年代、ドイツの学校には、かれらのこどもである外国人児童生徒が急増する。このことへの教育政策的対応は、ドイツへの統合と出身国への再統合という「二重の課題」に基づいていた。当時、外国人労働者は一時滞在者と見なされていて、いずれ帰国するものと考えられていたからである。この二重の課題を教育における言語的課題として見れば、ドイツ語教育と母語教育ということになる。そうして、外国人労働者のこどもを対象に、かれらの出身国の言語であるイタリア語、ギリシャ語、トルコ語、セルボ=クロアチア語といった母語授業がドイツ各州の学校で行われることになった。とはいえ、その実施方法はさまざまで、教員の採用から指導要領の作成まで責任を持つ州もあれば、自らは教室を無償供与する程度で運用は各国領事館に任せる形態をとる州もあったし、母語授業の実施率にも州による大きな開きがあった。

その後、外国人労働者としてドイツに入国した人々の定住化が進むと、二重の課題という課題設定は修正を迫られることになる。そこで出された主な意見は、もはや帰国しないのであればドイツ語教育に資源を集中すべきだという母語教育廃止派と、これまで培われてきた母語授業を発展的に継承すべきだという母語教育継続派に大別される。両者の主張を学業達成という学校教育の重要な目標と結び付けて考えると、廃止派はこどもが母語の学習に割く時間と労力をドイツ語習得や教科学習に向けた方がよいとし、継続派は適切な母語教育があってこそドイツ語習得や教科学習が円滑に進むとした。この論争が決着することはなく、母語授業は一部で廃止され、一部では今日まで継続されている。

母語授業導入当初の目的が失われてもなお、なぜ母語授業を続けている学校があるのだろうか。それは、なぜ学校における母語教育が重要かという問いとも重なる。その答えの一つは、多言語の制度的な承認にあると筆者は考えている。授業の一科目となることで、その能力が公式に評価されると共に、その能力の育成を学校の責務として公的に位置づけていることになる。多言語環境に育つこどもは、モノリンガルな教員からは「ドイツ語のできないこども」として捉えられがちである。それを「スペイン語のできるこども」「トルコ語のできるこども」というように観点を変える努力が求められてきた。これを教員個人の意識の次元ではなく、制度の次元で叶えるという意味を移民言語の科目化は有している。そして、数学や物理などを思い浮かべればわかるように、学校の各科目は専門的に養成された教員によって体系的になされるものである。母語も家庭で無意識に聞き覚えることによってだけでなく、意図的、専門的な教育によって学習される必要があり、その教育を保障するのは学校であるという認識が母語授業には含まれている。

移民言語の制度的な承認に加えて、より直接的な承認についても一言ふれてみたい。筆者が訪れた小学校では、トルコ語の母語教員と学級担任とのティームティーチングによるドイツ語授業が実施されていた。そこでは、トルコ語だけでなくさまざまな移民言語を母語とするこどもが自身の言語的アイデンティティを肯定的に捉え、ドイツ語が母語のこどもも含めてお互いの言語的背景を確認し合う学習が日常的に展開されていたのである。ここで強調しておきたいのは、それを実現するために大きな役割を果たしているのが母語教員であったということだ。母語授業という枠組みがあったからこそ、このマルチリンガルな教育実践の萌芽が生まれたといえる。

もちろん、母語授業のすべてがこのように優れた教育の実践につながっているわけではない。母語授業を出身国での国語授業と同じように進めようとしてうまくいっていない状況にも実際に何度か遭遇している。ドイツに暮らすトルコ系のこどもの言語環境は、ドイツ語モノリンガルのこどもと違っているのと同じく、トルコに暮らすトルコ語モノリンガルのこどもとも違っているのだが、複数言語環境で育つことに関する母語教員の理解が不足している場合が少なからずある。そうであっても、そして、一部に限られてはいても、母語授業が行われてきたからこそ、その反省も含めて多言語環境に育つこどもの教育に対する実践的理解が蓄積され、言語的承認が促進されてきた部分がある。

さて、はたして日本は、教育における多文化共生の実現に向けて、何をもってモノリンガルなハビトゥスに風穴を開けるのだろうか。

現代美術が問い直す枠の内と外
――ターナー賞受賞者ルバイナ・ヒミッドの制作から

出羽　尚

イギリスの現代美術賞であるターナー賞は、絵画、彫刻、映像といった視覚芸術を対象とした国際的な賞として、今日、世界的に最も権威ある美術賞のひとつに数えられる。１９８４年の創設以来、これまでに30人以上が受賞してきた。アニッシュ・カプーア、レイチェル・ホワイトリード、アントニー・ゴームリー、デイミアン・ハースト、ヴォルフガング・ティルマンスなど、一部の受賞者を挙げるだけでも、現代の美術界を牽引する大物がずらりと並ぶ。

受賞者の条件は、「イギリスの芸術家」である（グループでの受賞例もある）。ここでの「イギリスの」とは、国籍としてのイギリス人でもなく、人種としてのいわゆるホワイトブリティッシュでもなく、イギリスで活動する、もしくは、イギリスで生まれたという意味である。

この点に、現代のイギリス社会が多文化、多民族によって構成されていることの現れを見ることもできようが、これは近代以降のヨーロッパで形成された国家、国民といったアイデンティティに関わる概念がいかに流動的なものであるかという問題にも通じる。実際、私たちが「イギリス」、あるいは「イギリス人」と聞いて連想するどちらかというとポジティブなイメージは、極めて限定的なものとして、時には、むしろ誤ったステレオタイプとして、再考すべきものかもしれない。既存の制度や概念に対する批判的態度の重要性をことさらここで強調するまでもなかろうが、グローバル化した現代の社会や文化を研究する者にとって、このアイデンティティに絡む問題を避けては通れない。

この問題は、２０１７年のターナー賞受賞者ルバイナ・ヒミッドの出自、そして彼女の作品の主題にも見え隠れする。ヒミッドは１９５４年ザンジバルに生まれ、イギリスで学び、現在はプレストンにあるセントラルランカシャー大学で現代美術の教鞭も執る。ザンジバルは当時イギリスの保護国で、後に独立後、１９６４年にタンガニーカと合邦してタンザニア連合共和国となったスルターン国である。

「イギリスの」芸術家ヒミッドの出自は、一般的にイメージされる典型的な「イギリス」とは相容れないかもしれない。しかし、最先端のイギリスの現代美術は、私たちの「イギリス」の枠には収まらない多層的な背景を基礎に生み出され展開しているのだ。

ヒミッドの勤めるセントラルランカシャー大学は、宇都宮大学が交流協定を結び、毎年数名の宇都宮の学生が交換留学生として学ぶ場でもある。漠然とした憧れからくるお花畑のような「留学」ではなく、学生は既成の「イギリス」を問い直し、多文化が共生する社会のダイナミズムを体験してくることが期待されている。

「ターナー賞 2017」開催中のフェレンス美術館（2017 年 12 月 31 日筆者撮影）

さて、毎年ターナー賞の受賞者の作品は、ノミネートされた芸術家の作品とともに展覧会で展示され、2017年はヨークシャーの港町ハルにあるフェレンス美術館が会場となった。同館一階の五つの展示室を使って作品がアレンジされ、ヒミッドの作品は、18世紀イギリスの風刺画家ウィリアム・ホガースの《当世風の結婚》に着想を得たインスタレーションのほか、黒人を描いた肖像画も複数展示された。ただし、彼女が肖像画制作に用いる支持体は伝統的なキャンバスや板ではなく、新聞や食器といった日常生活の材料である。絵画というメディアを日常に従属させることで、絵画の価値を問い直すのだ。

ヨーロッパの肖像画の伝統では、黒人がモデルに選択されることは少なく、あるとしても、それはヨーロッパの価値基準の枠外にいる存在、すなわち、他者として捉えられる。しかし、ヒミッドは既存の社会制度や価値観が特定の存在を排除したり不可視化したりする現状に挑戦し、黒人の創造力を肯定的に捉えようとする。そこには、ヨーロッパ的な社会システムに起因する奴隷制度やディアスポラといった連想も喚起されると同時に、無名のアフリカ人が果たしてきた多大な文化的貢献がヨーロッパの枠外から称揚される。

こうしてヒミッドは、近世以降に権威的な力で文化を支配してきたヨーロッパの芸術という制度そのものに挑戦し、その枠から除外されてきた存在を前面に押し出す。往々にして社会や文化が作り出す制度は、その枠外の存在を無視することで体制を維持する。私たちが生きる現代の社会制度や文化的枠組みも、自分がその中にいることを確認できれば心地良く、枠外の他者との差異を確認することで、特権的な自己に満足感を得たりする。こうした枠の内と外の区別によって、私たちは自己のアイデンティティを認識しているのだ。

近年の美術においては、既存の価値観の問い直しや、国家、人種、ジェンダー、アイデンティティといった主題が選択される例が多く、それはとりもなおさず、現代が直面するグローバライゼーションが芸術の分野においても重要な意味を持っていることを示している。

もちろん、これまでも芸術家は抑圧される声無き存在に目を向けてきた。ターナー賞の名の由来である19世紀イギリスの風景画家ジョゼフ・マロード・ウィリアム・ターナーは、1818年に《ワーテルローの戦場》（テイト・ブリテン蔵）で、ナポレオン戦争の戦地を描いた。しかし、彼が中心に描いたのは、勇ましく戦果を挙げる将軍でも非業の死を遂げる英雄でもなく、戦士の死を悼む女性たちである。戦争が男性による争いであるとすれば、そこに女性の存在は考慮されない。女性や子供といった存在に現実として降りかかる悲劇を不可視化することで、戦争はそれ自体を正当化するのだ。

私たちが見落としているものを芸術は可視化する。芸術が投げかけるメッセージから、まずは既成の枠の存在を認識し、多文化共生を実現するための議論を始めてみたい。

術のコレクションを誇る。リチャード・ウィルソン、トマス・ゲインズバラ、ジョゼフ・マロード・ウィリアム・ターナー、ジョン・コンスタブルと言う、18、19 世紀イギリスの風景画の巨匠の油彩が並ぶ展示室は圧巻だし（イギリスの地方美術館にも引けを取らない）、不定期に展示される版画作品も、イギリスの視覚文化の歴史を物語る貴重な資料だ。さらに、デイヴィッド・ホックニーのフォト・コラージュや、自然の樹木を組み合わせたデイヴィッド・ナッシュの彫刻、さらにはアンディ・ゴールズワージーが栃木の自然を題材に制作した写真作品など、現代イギリスを代表する作家の作品も見逃せない。

日本には見立てという文化がある。想像力を駆使することで、あたかも実物を眼の前にしたり、別の場所にいる感覚を得たりする風流な行いだ。盆栽や日本庭園が見立てを使って愉しむ芸術の典型である。この見立てによって、栃木にいながら、イギリス湖水地方のコテージ、イギリス田園地域の民家、あるいはイギリスの地方美術館の展示室にいるかのような感覚を愉しんでみてはどうか。その連想を喚起するに十分な優品が、栃木の風土と共生している。

旧英国大使館別荘から眺める中禅寺湖（2017 年 7 月 19 日 筆者撮影）

コラム

栃木とイギリス

出羽　尚

文化の面で日本が世界と同じ地平で連続していることは、東西交渉史の語りを通じて理解されてきたし、とりわけ現代の音楽、ファッション、映画、アニメといった文化の移動を通じて、私たちも体験してきたところだ。とはいえ、私たちが同じ地平上で理解できる範囲はしばしば限定的で、例えば、イギリス文化と言った時、ユーラシア大陸を挟んで日本の反対に位置する島国はあまりにも遠すぎて、外国という対立枠として理解せざるをえないのかも知れない。

しかし、「外」として認識する文化が、実は身近にもあることに目を向けてもよかろう。というのも、栃木には日本でも珍しく、優れたイギリスの文化が身近に存在するのだ。

まず、日光の中禅寺湖畔にある旧英国大使館別荘。ここは元々、明治時代のイギリス人外交官アーネスト・サトウの個人山荘で、英国大使館別荘として長く使用された後、2010 年に栃木県に寄贈され一般公開されているものである。内装は、19 世紀イギリスで興ったアーツ・アンド・クラフツ運動の中心人物、ウィリアム・モリスがデザインした壁紙やカーテンを基調にして、調度品がアレンジされる。ここの庭、あるいは二階の縁から眺める中禅寺湖の眺めは正にピクチャレスクで、とりわけ初夏のさわやかな気候はイギリスの夏を感じさせる。

続いて、益子にある参考館。ここは、陶芸家濱田庄司が世界で収集した美術工芸品を展示する博物館で、濱田の自邸であった趣ある古民家を活用している。主に大正から昭和にかけて活動した濱田は、柳宗悦、河井寛治郎らと日本の民藝運動を支え、運動に共鳴したイギリス人陶芸家バーナード・リーチとともに、日英の文化に共通性を見出そうとした人物だ。とりわけ、日本の古民家に違和感なく置かれたウィンザーチェア（展示品としてではなく、座れます！）は、濱田の見た日英の共通性を象徴するかのようである。同じく益子にある陶芸美術館では、リーチのほか、20 世紀イギリスを代表する陶芸家ルーシー・リーらの作品も展示される。

そして、宇都宮にある栃木県立美術館。同館は日本有数のイギリス美

and Atlantic coasts. Afterwards, immigration from other European and Asian countries added more heterogeneity to this mosaic. Since gaining independence, one of the most challenging projects for each Latin American country has been the formation of the nation-state along with its national identity. In order to achieve both of these, national projects have run the gamut: from promoting the idyllic image of Latin Americans as the cosmic or universal race because they are recipients of all races and all bloodlines, to attempting to eliminate certain ethnic groups from the nation-building design.

In spite of this wide range of ethnically inclusive and exclusive approaches, it can be said that in general, the history of Latin America has been one of constant confrontation, assimilation and accommodation. As a result of the imposition of a mainstream culture, the cultural legacy of a variety of ancestries has been diluted, and with it, significant cultural assets have also been lost. If one of the most striking features of Latin America is its ethnic diversity, it is not an exaggeration to say that the region could have been far richer if the contribution of each ethnic group had remained unscathed.

コラム

Latin American Ethnic Diversity: A Squandered Historical Opportunity

Ana Sueyoshi

It has been more than a decade since I took over the courses on Latin American Studies in the School of International Studies at Utsunomiya University. At the beginning of every semester, it becomes clear to me that students join the class having very little knowledge about the region, and that this lack of knowledge reinforces the positive and negative stereotypes they associate with Latin Americans. Interacting with these students has also led me to believe that what they find to be most appealing about Latin America is its ethnic diversity. The reasons for this captivation could be explained by their understanding of ethnic diversity as a synonym of multiculturalism, the diffusion of the discourse surrounding multiculturalism as part of the globalization process in Japan, multiculturalism as a crucial component of our curriculum, and the exoticism of an area in the antipodes that happens to be ethnically diverse, an idea that is the exact opposite of the Japanese illusion that is ethnic homogeneity.

Ethnic diversity is a key feature of Latin American history. The two largest and most powerful pre-Columbian empires at the time of the arrival of the Spaniards, the Aztecs and the Incas, were built on the different cultural traditions of regional civilizations. From the early 16th century until the beginning of the 19th century, conquest and colonization brought greater diversity as Europeans, mainly from Spain and Portugal, as well as Africans reached the Pacific

B. アフリカ〜中東〜アジア〜環太平洋

アフリカにおける統治と多文化共生
――タンザニアはどのように安定を保ってきたか

阪本　公美子

アフリカの多くの国々では、ひとつの国家内に異なる文化の人びとが暮らしている。その中で、ルワンダの大虐殺や、スーダンと南スーダンの対立など、表層的には民族対立や宗教対立に起因するかのような状況が目立ってみえる。しかし詳しく紐解くと、一部集団の優遇や地域のみに投資を行い経済格差を誘引したことが根本的な原因として浮かび上がり、ルワンダは植民地期に身分証明書を課すなどによって「部族」を固定化したこと、スーダンは資源をめぐる争いが更に加わる。

アフリカには、必ずしも紛争状況ではない国々も存在し、筆者が調査してきた東アフリカのタンザニアもその一例である。ただ周辺をみると、西には大虐殺があったルワンダや、同様の民族構成で緊張が続くブルンジ、南に長年内戦が続いていたモザンビーク、北に「神の抵抗軍」による少年誘拐・少年兵が問題となったウガンダや、民族対立が絶えないケニアと、多文化共生には程遠い状況がみられる。タンザニアには110以上の民族が暮らしているが、その民族構成は、ケニアやモザンビークと大差ないだけでなく、国境によって分断され共通した民族も存在する。では、紛争や対立が表面化していないタンザニアでは、どのような政策が行われ、異なる文化の人びとはどのように暮らしているのだろうか。

19世紀の列強によるアフリカ分割の時期に、現ケニア、ウガンダ、マラウィは、イギリス統治、現モザンビークはポルトガル統治、タンガニーカ（現タンザニアの本土）、ルワンダ、ブルンジはドイツ統治、現コンゴ民主共和国はベルギー統治となった。タンガニーカは、第一次世界大戦におけるドイツの敗北を機にイギリス統治、ルワンダとブルンジはベルギー統治に移行する。それぞれの統治スタイルがあったが、特にベルギー王による統治や虐殺は悪名高い。イギリスは「部族」を固定化する傾向があり、タンガニーカにおいてもその例に漏れなかったが、ケニアほどの長期間ではない上、タンガニーカでは「黒人の土地」とし間接統治を行ったため、今日における影響も異なる。

タンガニーカは１９６１年に独立し、１９６４年にザンジバルとともにタンザニア連合共和国となったが、その後、ウジャマー集村化や、スワヒリ語の国語としての推奨に特徴づけられる世界的にも有名なアフリカ社会主義を実施した。ウジャマー集村化は、異なる地域に暮らす人びとの住居を道路沿いのアクセスしやすい場所に集め、集団農場をすすめ、小学校や診療所などの社会サービスの提供を計画した。集団農場は経済的には失敗に終わり、診療所も各村にはつくられなかったが、小学校については、着々と建設されていった。アフリカの多くの国々が英語やフランス語などの西洋言語を重視する中、タンザニアがスワヒリ語を国語としたことは特徴的であった。スワヒリ語で行われる初等教育と、英語で行われる中等教育との不連続性、国際競争力などの問題も指摘されているが、民族間のコミュニケーションが容易になったとともに、「タンザニア人」としてのアイデンティティも同時に形成されたことも事実である。その結果、少数民族の場合、民族語が若い子どもたちに継承されなくなってきた憂慮すべき課題も生じてはいるが、他のアフリカ諸国と比較して格段に安定した政治状況をもたらすことにつながってことは確かである。

ウジャマー集村化は、異なる民族の人びとが一つの村で共存する状況も創り出した。公務員が出身地とは異なる勤務地で働く方針とも合わさり、従来とは異なる民族間の交流が促された。ただ、人びとが必ずしも自主的に移動しなかった地域では強制的に移動させられ、さまざまな問題も生んだ。そして農業が国策として重視されたこともあり、牧畜、漁業、狩猟採集などの生業は軽んじられた。

集村化することによって社会サービスを享受できるようになった国民も多数いる。しかし、その後、元の居住地にもどった人びともいる。私が調査している農牧民ゴゴの人びとが暮らすタンザニア中部においても、集村化させられた地域では放牧ができないため、従来居住していた地域にもどった。タンザニア南東部の母系的民族が暮らす地域においても、海岸沿いに集められた村では農地が限られるため、元々いた地域にもどった人びともいる。村の中心に暮らし社会サービスを受けている人びとは、なぜそのような僻地にもどるか理解できない。しかし、実際にもどった人びとは、社会サービスを否定していないものの、従来の生業を取り戻すために多少不便でも元の居住地を選んでいる。

タンザニア政府が、宗教対立や民族対立を防ぐためにとっている策もある。独立後、約10年ごとに国勢調査が行われているが、どの調査においても、宗教や民族については今日に至るまで調査していない。例えば宗教は、キリスト教徒が比較的要職を占めており、政策に少なからず反映されているとみられる状況にて、イスラム教徒の勢力を明らかにすることを避ける狙いがあると考えられる。また民族についても、スクマなど多数民族がいるが、必ずしも数が政治力と連動しないように、民族の具体的割合も明らかにしていない。

このような政府による策にもかかわらず、民族のステレオタイプもあり、生活の中で人びとは、民族について日常的に、冗談も含めて話題にあげる。ケチで金に目がない民族、家畜を富とみなす牧畜民、農業も牧畜も精力的に行う民族、勇敢な民族、祭りや踊りばかりしている怠惰な民族…などさまざまである。特に、冗談を言い合える身近な民族について、からかうことも多い。ちなみに、私が長年調査している民族は、いずれも「祭りや踊りばかりしている怠惰な民族」と評される民族であり、他地域からきた州の公務員などは、見下している様子もみせる。

タンザニア政府は独立後、紛争や対立のあるアフリカ諸国を横目に、文化の対立を回避する工夫をしてきた。ただ、イスラム教徒、少数民族、牧畜民・漁民・狩猟採集民に一部配慮はみられるが、充分ではなく、絶妙なバランスの中、「平和」を重要視するタンザニア人の意志も加わり、かろうじて安定を保ってきた。教育格差、土地問題、携帯電話等の通信インフラの爆発的な普及、農村を含む全国的な電気の配送の開始によって、近代化とともに情報や格差の可視化が進みつつある。このような近代化の流れに不安を感じつつ、タンザニアの安定が続くことを見守りたい。

虹の国の歩みから考える共生の社会

藤井　広重

私は、宇都宮大学に着任するまで、南スーダンやマリといった紛争地に関わる仕事に従事してきた。この時の経験を生かし、紛争後の国家再建における司法の役割を中心とした研究に取り組んでいる。２０１６年には国連が実施しているプログラムの一環で南アフリカのケープタウン大学に客員研究員として滞在する機会を得た。南アフリカは日本から飛行機で約25時間もかかるが、アフリカで最も成長を遂げた国のひとつに数えられ、ケープタウン大学などには世界中から留学生がやってくる。サファリツアーをはじめ野生のペンギンやクジラを見ることができる観光スポットが整備され、国内外から多くの観光客も訪れる。市街地にはたくさんのビルが立ち並び、スーツを着たビジネスマンが忙しそうに歩いており、2000年頃からの資源価格高騰とともに多くの投資が入ってきた一端を垣間見ることができる。また、2009年には南アフリカを舞台とした『インビクタス／負けざる者たち』と題する映画が公開され、ラグビーを通して黒人と白人がともに協力し合い困難に立ち向かう様が感動的に描かれている。本稿ではこの南アフリカという国の歩みを概観することで、本書のテーマ「多文化共生」を考えるにあたっての糸口を探ってみたい。

南アフリカでは、1910年代（関連法が整備され始めたのは国民党が政権の座に就いた1948年）から1990年代までアパルトヘイトと呼ばれる人種隔離政策が実施された。文字通り白人と非白人とを分けて差別的に統治する社会の仕組みが法によって正当化されてきた歴史を持つ。ここで非白人と述べたのは、当時の南アフリカには黒人だけではなく、アジアにルーツを持つ人々も生活していたためである。また、そもそもアパルトヘイトとは、アフリカーンスと呼ばれる人々の言葉であり、このアフリカーンスとはイギリス人が入植を開始する以前に南アフリカにやってきたオランダ系白人のことである。つまり、20世紀初頭から南アフリカの社会には、人口規模の違いこそあれ、非常に多様なルーツを持つ人々が生活していたのである。

パス法によって黒人のみ身分証明書の携帯が義務づけられていた。(2016年12月、ケープタウンにて筆者撮影)

しかし、豊富な天然資源の開発を背に、植民地統治者としての白人が労働者としての黒人を管理するシステムが構築される。そして、このシステムが土台となり、白人を中心に一部の人々の権益を確保するためにアパルトヘイトが導入され、白人以外の人々の参政権はおろか、移動の自由さえ制限された(写真参照)。

1960年はアフリカの年と呼ばれているように、植民地だったアフリカ諸国が次第に独立を果たし始める。だが、この頃から南アフリカは、他国での黒人による独立運動が波及することを危惧し、国境の外に第二戦線を形成するため周辺諸国に対し軍事活動を展開するようになる。この結果、南アフリカはアフリカ内で孤立を深めることとなり、また、国連も人種差別政策を公然と実施している南アフリカの体制を非難し、武器の禁輸措置などの制裁対象に指定した。しかし、それでも、南アフリカは簡単にはアパルトヘイトを手放そうとはしなかった。なぜ、そこまでして南アフリカはアパルトヘイトに執着したのであろうか。いくつかの理由があるが、ここで私は「恐怖」について着目したい。多くのアフリカの国では、植民地支配から独立を果たし、自分たちの政府を手に入れた黒人たちは、それまでの統治者であった白人たちから土地を収用し、追い出してきた。仮に、南アフリカの人口比において圧倒的なマイノリティである白人たちが黒人に参政権を認め、民主的な選挙を実施したのなら、黒人による政権の誕生は揺るがない。とすれば、これまでのアフリカ諸国と同様に、白人は自分たちが享受してきた権益を失うどころか、次は自分たちが、黒人たちに虐げられるのではないかと恐怖を感じていたことは想像に難くない。

１９９０年代に入ると、国際社会の圧力が一層強まり、また、フレデリック・デクラークの大統領就任を機に、徐々に南アフリカは民主的な選挙の実施とアパルトヘイト廃止の方向へと舵をきる。そして遂に、１９９４年に全人種が参加した民主的な選挙が実施され、圧倒的な支持を得て黒人のネルソン・マンデラが大統領に就任することになった。マンデラは国家反逆罪に関与した政治犯として27年間もロベン島にて投獄されていた人物である。当然に、これまで黒人を差別してきた白人たちは、自分たちの行く末を案じたであろう。しかし、マンデラは白人を抑圧するような政策を取らなかった。マンデラは、大統領就任演説において、南アフリカを虹の国に例え、人種に関係なく誰もが共生できる社会を目指すことを宣言し、黒人と白人との和解と融和を目指した。そして、その一つの結果として、アパルトヘイト政権下では法的に認められてきた人種間の不平等を是正すべく、すべての南アフリカ人に市民的権利を認めた新たな憲法が１９９５年に成立した。もちろん、本稿では書ききれない様々な交渉が当時の南アフリカで行われたわけだが、マンデラが目指した「虹の国」には、同じ土地で生活する人々とともに国を造り上げていく共生の理念を確かにみることができる。

現実には、今もなおこの国には、格差という形でアパルトヘイトの負の遺産に苦しめられている人々が大勢いる。この現実は、差別のスパイラルに取り込まれてしまった社会を再建していくことの難しさを示している。しかし、マンデラが目指した人種間の和解や融和の政策は、大規模な暴力の再発を防ぐことで復讐の連鎖を食い止め、南アフリカの市民に国民統合に向けた希望を与えたのである。

私は、アフリカに行った際、「私」とは異なる文化的背景を持つ人々との〝違い〟にいつも気付かされる。しかし、これは「アフリカ」と「私」に限ったことではない。この世界中に、また日本国内にも、違いを持ったくさんの人々が生活している。この違いは、私達に新たな気づきを与え、生活をより豊かにしてくれている。だが、南アフリカの事例のように、時に違いが深刻な事態をもたらすこともある。私たちはこのような違いがもたらす不正義に対し、向き合わねばならない。マンデラは、アパルトヘイト後の南アフリカの社会において、過去から続く人種間の憎しみに捕らわれることなく、復讐の連鎖を断ち切ろうと試みた。そんなマンデラは次のような言葉を残している。「もっとも困難なことのひとつは、社会を変えることではない―あなた自身を変えることだ。」２０１３年12月にマンデラは95年の生涯を終えたが、今もって彼の言葉は、私たち自身が多様性を受け入れる社会の鍵であることを伝えてくれている。

ダマスカスで

松尾　昌樹

近年の中東では「宗派対立」や「民族対立」がキーワードになっている。なぜ民族は対立するのか、なぜ宗教に基づいて争うのか。しかし、中東地域に信仰や民族が異なる集団が居住するようになったのは最近のことではなく、長い歴史の中では異なる集団間の深刻な対立はむしろ珍しかった。つまり異なる集団間の武力衝突は異常事態なのだが、にもかかわらずこの異常事態をこの地域の本質的特徴に位置づけ、中東といえば紛争だ、中東を事例に紛争解決の原因を探ろう、といった言葉が、特に問題にされることなく人々の口にのぼる。しかし、これは「自分が観察している地域や集団に、あらかじめ自分が持っているイメージを投影し、それを観察対象の本質であるかのように論じる手法にすぎない」と説明すれば、なるほど、観察対象が本来持っている特徴を歪曲し、自分に都合の良い世界認識を作り出しているだけなのだと、その行為の過ちに気づくかもしれない。

しかし、ことはそれほど単純ではない。

「中東には多様な民族が居住するが、長い歴史の中では深刻な民族対立は稀であった」というと、「中東の人々は互いに相手を理解し合っていたからこそ、紛争を回避してきたのだ」「中東に多文化共生を学ぼう」、といった言葉が導き出されることがある。しかし、これもまた、あらかじめ自分が持っているイメージ（＝「他者理解が平和に繋がる」）を、中東に投影しているに過ぎない。実際には、中東の平和維持と他者理解促進の間には全く関係ない。また、他地域でこの関係が証明されたこともない。にもかかわらず、こういった解釈がすぐに成立してしまうことそれ自体が、かなり深刻な問題が存在することを示している。すなわち、他者理解を実践しようとしている人が、実際には全く他者を理解しようとしていない、というわけだ。良かれと思って「他者理解」を試みているだけに、自分の行為の過ちになかなか気づかないからタチが悪い。

例えば、シリア。その首都ダマスカスは二千年以上の歴史を持つ古い都市であり、様々な民族や宗教、宗派が入り混じって存在しており、誰がどの集団に属しているかは、一瞥しただけでは判別できない。最近では民族対立や宗教・宗派対立と切り離してシリアが語られることはほとんどなくなってしまったが、第二次大戦以降、この国は2011年に紛争が始まるまで、内戦と呼べるような国民間の対立を経験したことはなかった。紛争以前にシリアをしばしば訪問していた私は、文化的に異なる様々な集団が深刻な対立に至らずに共に一つの社会を形成している様子を興味深く観察していた。

ダマスカスの旧市街と呼ばれる古い一角を歩くと、街中に読めない文字の張り紙をしばしば目にすることがあった。私は英語もアラビア語も読めるし、フランス語やペルシャ語もそれと分かる。つまり、ここでいう「読めない」文字とはそれらとは別の言語で、私が見たのはアルメニア語だった。数万人のアルメニア人（数値は紛争前）がシリアに居住していると考えられており、アルメニア正教の教会周辺の壁などに、アルメニア語で書かれた葬儀や結婚などの案内がペタペタと貼られていた。しかし、大半の非アルメニア系シリア人はこれを読めない。アルメニア語だとは分かるし、葬儀や結婚の連絡だとは分かっているが、それ以上は特に知ろうとしない。自分たちの理解できない言語を操る隣人が存在することを特に気にすることもない様子で、彼らは暮らしていた。

ダマスカスには古書店が集まっている場所があり、私はそれらの古書店に貴重な資料を求めてよく通っていた。私が一番足繁く通っていた古書店の主は、クルド人だった。日本でクルド人といえば、固有の言語や文化を持ち、国を持たないがゆえに各地で抑圧されている民族として知られている。

それ自体は間違いではないが、しかしシリアでは、彼らはマジョリティの言語であるアラビア語をアラブ系シリア人と同じように使いこなし、風貌も特に違いがあるわけでもないので、特に親しい間柄でもなければ、その人物がクルド人であるかどうかはまず分からない。実際、その人がクルド人であるかどうかということがほとんど意識されることなく（意識されるきっかけがないから当然なのだが）、日常社会が動いている。

私がシリアでアラビア語を学んだ先生（もともと高校のアラビア語教師だったが、その後研究機関に移ってアラビア語を教授しており、私はそこで彼と出会った）は実はアラブ人ではなくチェルケス人で、時々個人授業の最中に奥様から電話がかかってくることがあり、その際にチェルケス語で話していたので初めて分かった。チェルケス語は非チェルケス系シリア人には理解できないし、それを学ぼうと考える非チェルケス系シリア人も多くはないだろう。

こんな風に、様々な集団が、自分たちの民族的あるいは宗教・宗派的帰属を主張することなく、一つの社会を作り上げているのが、シリアだった。確かに、権威主義体制下で「シリア」の一体性を揺るがすような集団的な行動を表立ってやりにくいという状況もあるだろう。しかし、そんなことよりもずっと重要なのは、集団間の差異をあからさまに取り扱うなんて「無粋」だ、という市井の感覚だ。実際のところ、彼らは表に出さないだけで、心の中では集団間の差異を強く意識している。クルド人古書店主やチェルケス人教師にしても、民族的なことはおくびにも出さないが、胸中には色々あるだろう。しかし、そうしたことを大っぴらに表明する人はまずいない。お互いが違うのは重々承知、だけれどもそんな違いはほほえんでやり過ごせばそれでいい。であるから、わざわざ「なんでヴェールを被るんですか？」なんて聞く人もいない。聞いた人がなるほどとなって次の日から自分もヴェールを被ろうはずもないのだし、わざとらしく「私は理解しています」なんて態度を示すなんて、どうにもいやらしい。日本で流行りの「多文化共生」なんて、彼らには異なる集団が共に暮らす事を可能にする文化を持たない未開社会の風習に見えるだろう。

さて、こんなシリアの「文化」が存在しているとして（そしてこれに似た「文化」はシリア以外にも世界中にあると思われるのだが）、我々はそれを「多様な文化の一つ」として受け入れたり、あるいはそれを手本とする可能性はあるだろうか。

一杯の紅茶から世界とのつながりを見る

栗原　俊輔

以前であれば、紅茶を生産している国々の人々と日本で会うことはほとんどなかったかもしれない。しかし現在では、ますます進むグローバル化や、増え続ける海外からの観光客、外国人の労働者や店員など、日本国内においても日々の暮らしには様々な国籍の人々が関わっていることが分かる。また目に見えない部分でも私たちの暮らし海を越えてつながっている。しかし、それを見るには、想像力が必要である。

多文化共生とは必ずしも周りにいる様々な人々との関わりだけではない。世界と私たちはどのようにつながっているのかを、日々の暮らしがどう成り立っているかを考えていくと、実は私たちは世界中の様々な人と関わり合いながら生きていることが分かる。それは一杯の紅茶からも見えてくるのである。

日本における紅茶の歴史は明治維新直後にまで遡る。現在では日本の紅茶はほぼ100パーセントが輸入であるが、明治時代は、紅茶は外貨獲得の換金作物として、日本各地のお茶の産地において政府奨励のもと紅茶が生産されていた。実は日本における紅茶の歴史は国策として始まったのである。つまり日本人が紅茶を楽しむよりも、ヨーロッパやアメリカなどの紅茶を楽しむ人々のために生産していたのである。

昭和40年代に入り、紅茶の輸入が解禁され、スリランカ（当時のセイロン）やインドの安価な紅茶が入るようになり、誰でも手軽に紅茶が飲めるようになった。そしていまでは紅茶は日本人には欠かせない嗜好品となっている。その中でも宇都宮市は紅茶の消費量が全国で常に上位に位置している。城下町である宇都宮は、お茶を楽しむ文化が古くから浸透しており、昭和に入りそれに紅茶が加わったともいわれている。紅茶は宇都宮の人たちにはとても身近な飲み物なのである。また最近では、ペットボトルの紅茶飲料も様々な種類があり、紅茶はますます身近なものとなっている。そして、その多くがセイロンティーである。

現在日本に輸入されている紅茶の75パーセントはスリランカ産のセイロンティーである。スリランカと国名が変わった今でもセイロンティーと呼ばれるのは、イギリス領セイロンの頃にスリランカ産紅茶が世界的に飲まれるようになったためである。現在でもスリランカは、ケニアに次ぐ世界第２位の紅茶輸出国である。

スリランカでの紅茶生産も、明治時代の日本と同じく、スリランカ人が飲むためのものではなく、19世紀のイギリス植民地時代にイギリス人が紅茶プランテーションを開拓したことに始まる。当初はコーヒーであったが、害虫により全滅し紅茶に植え替えられた。これがスリランカにとっての紅茶との関わりの始まりである。その後現在まで150年にわたり、高級茶で世界的に有名なセイロンティーは、スリランカ経済をけん引する重要な外貨獲得のための産物であり続けており、その紅茶を生産しているのが紅茶プランテーション農園である。

スリランカのプランテーションは、その労働者を南インドから導入したことがその大きな特徴の一つである。スリランカ中部の１０００～２０００メートルの高地は紅茶栽培に適した気候のため、広範囲にわたって紅茶プランテーション農園が開拓されていったが、不足する労働力を当時同じイギリス領であった隣国インドより導入した。その多くが、南部のタミルナドゥ州のタミル人であった。彼らは農園内の労働者居住区に住み、同じ農園内で女性は茶摘み、男性は肉体労働に従事していた。そして、そのシステムは今でもほとんど変わりがない。現在はエステート・タミル人（農園タミル人）と呼ばれる、当時の労働者の子孫である人々が現在でも同じ農園の同じ居住区に住み、設備も当時のままであるところが多く、電気の無い地域も多い。また水道施設もなく、山の泉からひいた共同水栓を共有している農園が多い。

彼らの日給は500円程度であり、スリランカの平均賃金よりも大きく下回る。一人当たりのGDPが南アジアで一番高く、識字率等教育状況もトップと、南アジアの優等生と呼ばれるスリランカにおいて、最貧困層と位置付けられている。

スリランカは北海道の８割くらいの面積に２０００万人が住む多民族国家であるが、２００９年までは26年間内戦が続いていた。しかし、内戦や民族間の緊張という、日本では想像のつきにくい状況の中でも、エステート・タミルの人々は毎日淡々と茶葉を摘み、紅茶を生産し続けていた。彼らは自分たちが摘んでいる紅茶がどこにいくらで売られているかも知らない。教育状況も国内で最も低く、高等教育を受けようにも、近隣には高校以上の教育機関が少ない上、町まで出ることも遠距離のため難しい。実質的に選択肢が限られている状況である。これは、歴史的経緯により、彼らのほとんどが１９８０年代まで無国籍であったためである。そのため、多くの社会サービス等を受けることができなかった人たちが多い。

現在はスリランカ市民権が付与されてはいるが、無国籍の人たちが多く住む地域にスリランカ政府は社会保障サービスを進めてこなかった。その結果、現在でも行政サービスや教育などが農園外の地域と比べると未だに行きわたっていない。

しかし、そんな彼らの生活も近年徐々に変化が生まれている。世界的に進むIT化の影響で、紅茶農園の中にいても、スマートフォンを持つ若者は多い。そして農園の外の世界を知りはじめた。特に若い世代は、今まで当たり前であった生活環境が実は「不便」であること、農園外に比べて貧困であることを知り、いまの生活に不満を抱き始めている。自分たちが、プランテーションという植民地時代から続く世界経済・流通に組み込まれた制度の下に暮らしていることを、彼らは学び始めているのだ。そんな彼らの構造的貧困問題を解決する根本的解決方法はいまだに見えてこない。明治時代は輸出用に紅茶を生産していた日本と、現在も輸出用に紅茶を生産し続けるスリランカ。この違いは何だろうか？

一杯の紅茶の向こうに広がる、紅茶プランテーション農園で働く人々の姿、彼らがどんな人たちなのかを考えてみると、日々の暮らしをより味わい深いものにするだろう。

ハワイ島在ミクロネシア自由連合移民の合同卒業記念日

柄木田　康之

単一文化論的国民統合とは、自由で自立した個人から構成される国民が、一つの文化・歴史等を共有し、地域、職業、宗教、民族による集団への帰属ではなく、個人の能力に応じた地位の違いによって国民が統合されている国民統合である。これに対して多文化主義的国民統合とは民族、宗教、地域、言語等の中間集団の公的役割が認められ、国民統合が中間集団の調整によって達成される国民統合である。後者の多文化主義は、対話（他者の承認）に基づくアイデンティティ形成を、人間の根源的な基盤と見なし、これを政治的領域まで拡張したものである。この多文化主義は、今日の日本で多用される「多文化共生」の先駆けになったものであろうが、単一文化主義と多文化主義の対立は90年代の米国高等教育において非常に大きな論争を巻き起こした。

多文化主義論争の代表的なものは、高等教育におけるカリキュラム批判と入学資格に関するものである。大学の教養科目では伝統的な英米文学科目が非ヨーロッパ系の学生に西洋中心主義と批判された。これによりエスニック・スタディーズ、ジェンダー・スタディーズなどの新たな科目が設けられた。これは単にカリキュラムの問題だけではない。伝統的科目を担当していた教員の教職上の地位の問題に波及していったのである。

逆に、公民権運動期には疑問がはさまれなかった少数派の特別入学枠も、論争の種となった。70年代から導入された少数派の人口比に応じた特別入学枠は、少数派の高等教育の機会の拡大に貢献した。しかし特別入学枠によって入学した学生は結局のところ大学を去ってしまうことが少なくなかった。また特別入学枠によって入学したという事実が学生の本来の評価を貶めてしまったこともある。特別入学枠の仕組み自体に問題があるという指摘がある一方、高等教育のカリキュラム自体が多数派中心主義に過ぎるのである。

多文化主義の考え方は広く受け入れられる一方、単一文化主義への回帰、また多文化主義を新たな段階に高めようとする批判も始まっている。多文化主義は異文化を尊重する文化相対主義の影響を受け、文化の間の差異を強調する。その結果、文化内部の均質性と外部との境界を絶対視する本質主義に陥っている。したがって多文化主義は異なる文化間の交流を理論化することが出来ず、異なる文化をもつ中間集団を媒介しうるのは、国家でしかないという落とし穴にはまってしまっているのだ。現状の多文化主義は単一文化主義とコインの裏表の関係でしかない。このような理論的状況において、個別の少数派集団が多数派社会にどの様に共生しているかを観察することには意味があろう。ここでは筆者の調査するミクロネシアの人々のハワイ島社会の教育制度への乖離と適応戦略を紹介したい。

ミクロネシア連邦はスペイン、ドイツ、日本、米国の植民地支配の後、１９８６年に米国と自由連合協定を締結し独立した。協定はミクロネシア連邦市民に米国へのビザ無し入国の権利を与えた。この結果1986年以降、ミクロネシア出身者には首都、州都での公務員としての雇用機会と、グアム、ハワイ、米国本土での非熟練労働者としての雇用機会が開かれ、州外・国外への移民が急激に拡大した。

この自由連合移民に対する米国の移民政策には、移民とホスト社会の共生への配慮は見られない。米国一般会計局(GAO 2001)は自由連合国移民対策の財政負担がグアム、北マリアナ連邦、ハワイ州の財政を圧迫していると批判している。またこの財政の圧迫が移民の教育水準、雇用水準、健康水準の低さに起因するとして、ミクロネシアからの移民を制限することを提言している。メディアでも、このような立場を追認する報道が繰り返されている。地域の指導者が連邦政府からミクロネシア移民対策の事業を獲得したと鼓舞することが移民に対する偏見を助長するのである。

ただし移民は排斥されているばかりではない。ハワイ島ではホスト地域からの支援組織としてMicronesian United-Big Island(MUBI)がある。MUBIはミクロネシア各地域の出身者を役員とし、元大学教員、聖職者、公務員等を助言・支援者とするNPOである。MUBIは定期的に役員会を開催し、ハワイ島のミクロネシア移民支援事業を共催、後援している。

さらに筆者が調査をつづけている、ヤップ州離島出身者は独自の活動として、離島子弟の合同卒業記念日を開催している。Remathau Community of Hawaii（RCH）はミクロネシア連邦ヤップ離島出身者がハワイ島で形成している非公式な移民のアソシエーションである。RCHは近年、子弟が通学する学校の卒業式とは別に、合同の卒業記念日を5月末の祝日に開催している。この卒業記念日には地域の学校関係者、ハワイ州教省関係者が招かれ、伝統舞踊、伝統技術とともに子弟の学校教育の成果が誇示される。

2014年5月の合同卒業記念日は「未来を照らす」をテーマとし、ハワイ島ヒロ市、コナ地区、オアフ島、マウイ島からばかりでなく、米国本土（アラスカ）の卒業生も参加した。来賓として会場提供者、元卒業生、卒業生、ハワイ大学ヒロ校太平洋諸島学生センター職員、近隣高校校長、ハワイ島西地区長が挨拶し、参加した学生は、アメリカの卒業式を象徴するキャップとガウンではなく、民族衣装を身に着け、招待されたホスト社会のリーダーの前で卒業を顕彰された。また卒業生以外でも、優秀な成績を得た児童、生徒、学生も、その成績が称えられ顕彰された。公的な顕彰式の後には「伝統食」のポトラック形式による共食とオアフ島、コナ地区、ヒロ市を代表するグループの伝統舞踊が披露され、離島語のポップ・ダンスが夜遅くまで続いた。翌日は会場の片付けとともに、プロジェクターで照射されたエクセル・シートに書き込まれた議題にそった反省会が開催された。合同卒業記念日の中心は司会を務めた米軍所属のサタワル島出身者と会場を提供した造園会社を経営するウルシー環礁出身者であった。

合同卒業記念日には地域の学校関係者が招かれ、伝統的な踊り、伝統技術の紹介とともに子弟の学校教育の成果が誇示される。これはハワイ州のミクロネシア移民コミュニティが教育における成功という地域と共通の価値観を共有することを示し、移民に対する偏見に対抗し、社会的地位を高めることを目指している。合同卒業記念日では伝統文化と同時に公的教育における成果が離島出身者のアイデンティティの発露の手段として転用されているのである。

移民が経験する社会経済的格差が、移民の文化的アイデンティティを強化することは良く知られている。これに加え離島出身者はホスト社会との価値観の共有を強調することで格差を克服しようとしている。合同卒業記念日が移民の間のネットワークを強化していることは間違いない。しかし記念日が移民を支持するホスト社会を拡大するかを見極めることは、移民にとっても著者にとっても、今後の課題であろう。

台湾における多文化共生と帝国日本

松金　公正

「台湾」と称される中華民国が実効支配している地域は、台湾本島、及び澎湖諸島などの島々、そして福建省沿岸の金門・馬祖諸島からなり、全体で約3.6万平方キロメートル、栃木県の面積と比較すると６倍ほどの大きさで、２０１７年７月現在、人口は約２３５５万人、こちらは栃木県のおよそ12倍である。この台湾に住む人々を「族群」というカテゴリーによって分類することは、１９９０年代以降常識的なこととなっている。族群とはエスニック・グループの台湾での訳語であり、移民の時期や母語の違いによって、以下の「四大族群」が存在するとされている。

まず、もともと台湾に住んでいたという意味から、「台湾原住民族」と呼ばれる先住民族があげられる。オーストロネシア系諸語を母語とし、人口は約56万人（２０１７年７月現在）で、全人口の２％強に過ぎないが、文化や風俗習慣、言語などによって、さらに16の下位集団が政府に認定されている。次に、１８９５年から１９４５年まで台湾は日本の植民地であり、それ以前に渡台した漢民族を、福建省南部から移民してきた「閩南（福佬）人」と、福建省、広東省等から渡台してきた「客家」の二つに分類している。更に第二次世界大戦後に中華民国中央政府の台湾への移動に伴い渡台した人々が人口の約15％を占めており、先述の二者を併せて「本省人」とするのに対し、「外省人」と呼ばれている。外省とは台湾省以外を指し、出身は中国全土に及んでいる。そのため、外省人第一世代は必ずしも一つに集約されるわけではない。

一方、政治的な事象が論じられる際には、統一系の外省人、独立系の本省人と、両者の対立、軋轢が強調されることがある。もちろん、両者の対立や軋轢は存在していることはまちがいない。

相対的に数の少ない外省人が政治的、経済的に優位な立場におかれ、多数の本省人が軽視されてきたといった「省籍矛盾」等に、その原因を求めることは可能であろう。現在では、世代交代が進み、政治の民主化や経済の自由化の中で日常的な軋轢は減少しつつあり、台湾社会の特徴として多元性が強調されている。しかし、1998年に当時大統領であった李登輝によって提唱されたすべての族群を含みこむ「新台湾人」という概念が社会に広く受け入れられなかったことからもわかるように、本省人と外省人の感情的な対立、漢民族の先住民族へ蔑視感は依然として根深く存在している。更に近年、「外籍新娘」、「大陸新娘」と呼ばれる東南アジア、中国からの花嫁、約68万人（2017年末）に及ぶ「外労」と呼ばれる外国人労働者、中国からの留学生等の「新移民」の増加により、台湾社会の多元性はより複雑化している。

このように、台湾は、言語、歴史認識等の多元性が社会的な対立や軋轢を生むという社会構造を常に抱えており、それら多文化の併存とその共生は大きな課題であり続けてきた。

ところで、このような台湾の多文化共生の縮図ともいうべき場所として、台湾第二の都市である台中市にある台中公園を挙げることができる。

同公園は1903年10月28日に開園した。そもそも台中市自体が植民地政府によって新たに建設された計画都市であり、駅を中心とした街路の建設、河川の調整等とともに公園も都市インフラのひとつとして整備された。構造は西洋式公園を基本としていたが、園内には台中神社が置かれ、日本庭園も備えるなど、近代化を進める「日本」を具現化するものであった。公園の南西部の池に浮かぶ中之島には、1908年10月24日に台湾縦貫鉄道の完成祝賀会が行われた際に、閑院宮載仁親王の休息観覧場所として建設され、現在湖心亭と呼ばれる四阿がある。同亭は、1999年に台中市「市定古跡」に選定され、2007年に公費を用い修復された。

日本で台湾は「親日的」と論じられることが多い。そのような言説の中で、植民地期の建築物やインフラなどの痕跡が台湾に残っていることが事例として挙げられることはよくあり、台中公園を訪れる日本人観光客にとって、この湖心亭のほか、公園内に残る神社跡や鳥居等は植民地期と現在の台湾とのつながりを想起させるものになっている。他方、公園を歩いてみると、戦後設置された記念物がそこここに見られる。

日本の敗戦により中華民国によって公園が接収されると、公園の名称は中華民国の国父孫文（孫中山）に拠る中山公園に変更され、孫文像や抗日忠勇将士民衆紀念碑等が設置され、旧台中神社本殿跡（戦前に移転済み）には孔子像が安置されるなど、脱日本化が図られた。ところが、1987年の戒厳令解除以降、中国本土由来のものより台湾在来のものを重視する本土化が強調されるようになると、本省人と外省人の相違点として植民地統治による影響の有無が注目されるようになり、日本や植民地にかかわるものを保存していく動きが進むことになった。このような流れの中で、再び台中公園という呼称に戻し、湖心亭を古跡指定し、園内にかつての鳥居を配置することになったのである。日本人は、この点のみを切り取って、「台湾の人は日本のものを大切にしている」と認識することになる。

しかし、園内をよくみると、孫文、孔子像等はそのままであり、週末になると、清朝時代の建築を一部移築した望月亭や更楼のそばでは閩南語を使った講演会が行われ、特設舞台で先住民族の舞踏等が台湾文化の代表として演じられる。また、日曜日には「外労」が園内に集まり、情報交換を行うことが恒例となっており、政府やＮＰＯによる支援活動が実施される。このように台中公園は、台湾の「族群」と「新移民」が三々五々に集まり、他者と衝突することなく、結果として一同に会する場なのである。そしてそこを、台湾の多文化共生など、何も知らず、関心もない日本人観光客が通り過ぎていく。

日本人は、台中公園について日本人が造営したものという点に注目する。しかし、台中公園の１１５年の歴史の中で、植民地期は42年あまりで、既にそうでない時間の方が長い。つまり、台湾の人々にとってそれは、他者である帝国日本のものではなく、「われわれ」の生活に内在化されたものなのである。このように台中公園は、台湾における多文化共生の現状と、それを理解しようとしない脱帝国できない「日本」の姿を我々の眼前に提示してくれる貴重な存在なのである。

C．日本

小笠原における多文化共生

古村　学

小笠原諸島は、東京から南、1000キロメートルに浮かぶ島じまである。世界自然遺産として登録されたことで、その存在を知った人も多いであろう。小笠原に行くためには、航空路がないため、船で24時間かかる。また、便数も6日に1便と少ない。この交通の不便さから、日本における最大の「僻地」といえるかもしれない。

この小笠原の社会について、どのようなイメージを抱くだろうか。南の島で、のんびりと暮らす楽園。グローバル化が進む世界から切り離された、時間の止まった空間。もしくは「僻地」ゆえの過疎化、高齢化、少子化といったところだろうか。この本を編集した国際学部とも、この本のテーマである多文化共生とも、無関係なのではと思うかもしれない。この小文では、イメージとしては無関係に思える小笠原の歴史と社会から、多文化共生について考えてみたい。

小笠原での本格的な定住がはじまったのは、1830年のことである。当時、北太平洋では鯨油を取るための捕鯨が盛んであり、その船に薪や水、食料を供給する場所が求められていた。その交易のために、アメリカ合衆国やイギリスなどの欧米人、ハワイの先住民の25人ほどが移住した。当時の小笠原は、世界中の捕鯨船が集まる多文化共生地域だったのである。

1862年、江戸幕府は小笠原の領有を宣言した。北海道や沖縄にかんしては、先住者の住む土地が日本に編入された歴史は知られているが、小笠原も編入されたことは知られていない。その後、明治時代になり、八丈島などからの移民により、島は本格的に開拓されていくことになる。そこでは、野菜の内地への出荷などにより、人々は豊かな生活を送っていた。また、日本が委任統治した南洋諸島へ向かう交通の要所としても栄えていったのである。

この小笠原での豊かな生活は、太平洋戦争によって破壊された。1944年、戦争の激化に伴い、軍属を残し、島の人びとは内地へと強制疎開させられたのである。その後、戦争は終わったが、小笠原諸島は米軍の基地として利用されることとなり、大半の人びとは帰ることを認められなかった。わずかに日本領有以前の先住者の子孫だけが帰島を認められた。この基地の島では、公用語は英語となり、教育も英語で行われることとなった。日本からアメリカになったのである。

一方、生活の手段を失った人びとの内地での生活は厳しいものであり、帰島を望んだが、それは長いこと叶えられなかった。小笠原の人びとは、日本とアメリカの国際関係の中で振り回され、犠牲となっていったのである。

1968年、小笠原諸島は日本に返還された。ようやく島へ帰れるようになったのである。これに伴い、返還前に181人であった人口は急激に増加し、5年後には1000人、10年後には1500人を超えた。戦前に島に住んでいた人が戻っていったのだが、あらたに島に移住した人も多くいる。生活インフラ再建のための公共工事が必要であり、仕事が多くあったからである。また、南の島での生活にあこがれ、移住した人も多い。これらの島民を、島の人は三つに区分している。先住者の子孫である欧米系島民、戦前に移住したものとその子孫からなる旧島民、返還後に移住してきた新島民である。

新島民の中には、何十年も住んでいる人もいるが、数年、数か月で島を離れる人もいる。新島民は、「いつかは島を離れる人」とマイナスに考えられることもある。それに加え、国の省庁や東京都の公務員、小中高の教員など2、3年の任期付で赴任している人も多い。2015年の国勢調査によると、父島と母島の38パーセントの人は、ここ5年の間に移住してきた人であった。小笠原は、つねに人が入れ替わっていく流動する社会なのである。ある島の人は、「別れがさみしくなくなった」といった。仲良くなっても、島を出ていく人が多いからだという。

島の人口に占める新島民の割合は、8割ほどといわれており、多数派である。都会から移住してきた人が多いため、島の人びとの性格は都会的だという。人づきあいがあっさりしており、「田舎」にありがちな干渉が少ないのだと。移住者が多いこと、都会的な付き合いであることは、移住のしやすさにつながる。島に遊びに来て、島の自然、とくに海に魅せられ、そのまま移住してしまう人も多い。

現在、「僻地」にある町村では、過疎化、高齢化、少子化に直面しており、その存続さえが危ぶまれている。最大の「僻地」であるにもかかわらず、小笠原では過疎化、高齢化は進んでいない。小笠原で生まれた子供たちが進学などで島を出ていっても、若い移住者が入ってくるからであり、島は活気がある。さらに、出生率は東京都の市区町村でもっとも高く、島を歩けば子供を多く見かけることができる。ある女性は「みんな生むから」といった。子供を産む人が多いから、子供を産むのは当たり前だというのだ。

世界自然遺産登録後の変化として、「知らない人が増えた」という声がよく聞かれた。事実、しばらく２４００人ほどで横ばいであった島の人口は２５００人ほどに増加している。世界遺産と聞くと、観光客が増え、観光関連の仕事が増加したからだと思われるかもしれないが、小笠原においては観光の影響は限定的である。それよりも、世界遺産であることを守るための外来種対策のほうが、人口増に影響を与えている。このための予算は大きく、仕事も多く生み出されているのである。あらたな公共事業と呼ぶ人もいる。仕事があるから小笠原に来たという人も少なくない。この外来種対策は、島の人びととの関心も高く、賛否を含めて、小笠原の社会に影響を与え続けている。

現在の小笠原では、米軍時代を通して暮らしてきた欧米系の人びと、島への帰郷の思いから帰島した旧島民の人びと、美しい小笠原の海への憧れから移住した新島民の人びと、島民区分にかかわらず、戦後に小笠原で生まれ育った人びと、世界遺産登録により仕事があることから移住した人びと、中には、仕事のため仕方なく来ている人もいる。多様な背景を持つ人びとが共に暮らしているのである。この多様な人びとのもつ価値観は、せまい島の中での交流によって影響しあい、あたらしい社会を作り続けている。イメージされるような時間の止まった空間ではなく、グローバルな社会の変化を受け、変わり続けているのが、小笠原の社会なのである。

戦前の、とくに捕鯨船時代の小笠原社会は、多国籍の人びとが集まる、わかりやすい多文化共生地域であった。現在の小笠原社会は、さまざまな背景と価値観を持った人が行き来する場としてある。このような場を、ひとつの多文化共生地域と考えてみてもよいのではないだろうか。もちろん、そこには異なる国の人びとの文化の違いほどのわかりやすさはない。しかし、生まれ育った場所による違い、世代による違いなどが存在している。日本最大の「僻地」といえる小笠原から見ることにより、多文化共生という概念を、より広くとらえることもできるのである。

災害弱者と多文化共生

飯塚　明子

宇都宮大学で働く前に、海外の被災地の防災国際協力事業に、NGO、大学、及び国連機関の職員という様々な立場で働いていた。ベトナム、スリランカ、インドネシア、イラン、タイ等の海外の被災地で、短期的、及び中長期的な視点で、被災者が本当に必要としている支援を行おうと心がけていた一方で、被災者のニーズと支援物資のミスマッチ、支援が行き届いていない地域と支援物資が重複している地域を目にすることもあった。被災地へのアクセスが途絶え明らかに支援物資が行き届いていない農村地域もあれば、現地の文化や生活環境に合っていない食料や生活用品の支援も目にした。特に災害発生直後の緊急時の混乱の中では、全ての被災者に適した支援物資をタイムリーに提供することは容易ではないし、物資を寄附してくださる支援者の厚意をできるだけ無駄にしたくないという思いはある。しかし、国際協力において政府間の支援、国連やNGOを通じた支援、企業活動における支援、個人的な支援に関わらず、重要な視点はお互いの生活や文化を尊重し、支え合う多文化共生の視点である。

この視点は海外の国際協力だけではなく、国内の被災地においても同じである。東日本大震災の死者のうち9割以上が溺死で、そのうち60歳以上の比率は6割以上であるという事実や、阪神淡路大震災の死者のうち８割以上が建物の倒壊等による圧死で、木造の長屋や共同建低層住宅に住んでいた低所得者、高齢者、学生等の死亡が多かったという事実は、災害弱者（要配慮者）が災害に脆弱であることを示している。災害弱者とは、災害時に支援を必要とする人々のことで、体の不自由な人、高齢者、妊婦や乳幼児等の他に、日本語の理解が十分でない外国人も含まれる。言葉や文化、経験の違いから、外国人が災害弱者になりうる。日本に住んでいる外国人住民で、日本語が分からない人や、災害があまり発生しない地域の出身者は、災害時は特に困難な状況に立たされることがある。地震や津波を経験したことがなく、防災訓練といった防災教育を受けたことのない外国人は、災害が発生したらどう対応するのだろうか。日本語が分からない人は、どのように災害時やその後の復旧・復興時の適切な情報を得ることができるのだろうか。日本人にとっても災害分野の用語や法律は、分かりにくいことがある。外国人には避難経路や避難所の場所が分からず、提供されるべき支援を得られない場合もある。避難だけでなく、その後の避難生活においても、言葉や文化の違いから、避難所で提供される食事が合わなかったり、お祈りをする場所がなかったり、避難所のルールが分からなかったり等、日本人との共同生活が難しい場合もある。災害の少ない国から来た留学生が、パニックになり大声でお祈りをして、日本人に迷惑がられたり、避難所に生活用品や自転車等を置いたままにして退去した外国人がいたという報告もある。その一方で、日本に住んでいる外国人コミュニティのネットワークもあり、災害が発生する前から密にコミュニケーションをとり、助け合って日本で生活している外国人も多く、日本に住んでいる外国人をひとくくりにすることはできない。

日本では1995年に発生した阪神淡路大震災以降、地方自治体の国際交流センターやNPO法人等が中心となり、災害時における多言語での情報提供やカウンセリングといった外国人への支援体制が整いつつある地域もある。阪神淡路大震災で多言語で情報を発信するFMわいわいが初めて設立され、その後発生した新潟県中越沖地震や東日本大震災でも被災地に住む外国人の情報支援を行っている。災害発生前や平常時における対策は多くの自治体で課題となっているが、東京都は外国人災害時情報センターを整備し、平常時は防災語学ボランティアの登録や研修、外国人向けの防災訓練を行っている。また栃木県では大田原市や宇都宮市、栃木市で外国人に災害時の備えや避難所について説明する「外国人のための防災教室」が開催されている。

外国人は災害弱者として扱われることが多いが、日本で長期的に生活し日本語で読み書きができ、的確に情報を得ることができる外国人は、災害時に主体的に自分の命や地域の人々を守ることができる。2016年に発生した熊本地震では避難所となった熊本大学の体育館で、留学生が主体的に外国人避難者の通訳や避難所の運営を担い、外国語が通じる避難所として近隣地域から多くの外国人住民が避難してきた。日本語で情報を得ることができる外国人は要援護者ではなく、多言語や多文化の専門家やボランティアとして、支援を必要としている人々を助けることができる。災害時は誰もが弱者になりうる。災害時に負傷したり、身近な人を亡くしたり、住む場所がなくなったり、仕事を失ったり等、本人や家族、友人が心身の健康を損ねることがある。日本に住んでいる外国人も、災害時に主体的に地域の人々の命や生活を守ることができるし、災害が発生する前は健康で不自由なく生活していた人が、被災して様々な人から助けてもらうこともある。災害時は誰もが助けたり、助けられたりすることを念頭におき、災害が発生する前から地域の助け合いやまとまりを強くするような多文化共生を前提とした地域づくりが求められている。

多文化社会に向き合うための自文化理解
——日本語をみつめなおす

高山　道代

「多文化共生」の問題について考える際、他者の文化や社会に対する理解の重要性だけに目が向けられることが多く、自身の文化や社会に対する理解の重要性については見過ごされがちである。また、共生社会をめざす際に問題になることの多い、自文化が標準であって他者の文化はそこから外れたものとみなす態度（「自文化中心主義」）は平等性にもとづいた自他認識を阻害する要因となることが多い。他者の文化と同様に一定の距離をもって自文化をみつめなおす視点をもつことは、共生社会の実現に何かしらの内的な影響を与えるものと思われる。上述の問題意識に基づき、本稿では、自文化の言語としての日本語が言語学一般においてどのような特徴をもつ言語として語られているのかについて紹介するとともに、言語現象のありのままを記述する方法についても紹介し、そこからみえる日本語の姿について考えてみたい。本稿が多文化社会に向き合うための自文化理解の契機となれば幸いである。

他言語と日本語との関係性については、これまで、言語学全般（音声・音韻、語彙、文法、表記等の諸領域）において検討されてきた。本稿でそれらすべてをとりあげることはできないが、言語系統を考える際に注目されることの多い日本語の特徴として、文法上の「膠着性」と音韻上の特徴である「母音調和」および「開音節性」についてとりあげたい。はじめに、「膠着性」についてであるが、現代日本語の名詞の語形変化の手続きは単語に接辞をつけることによる語形つくりを基本とする膠着システムをとっている。従来から日本語は言語類型の観点からアルタイ諸語と関連づけて考えられることが多いが、これは、日本語が名詞の語形変化の手続きとして助辞の膠着というシステムをとっている（下記、「日本語の語形変化システム」⑵「膠着による語形つくり」を参照）ためである。しかし、アルタイ諸語では名詞も動詞も語形変化の手続きには膠着システムを用いるのに対し、現代日本語では名詞の語形変化の手続きには膠着システムを用いるが、動詞の語形変化の手続きには単語の語尾のとりかえによる語形つくりを基本とする屈折システムを用いており、名詞と動詞とで異なる語形変化システムをとっている。

日本語の語形変化システム（高橋太郎他（2005）『日本語の文法』参照）

(1) 屈折による語形つくり

nom-u nom-o nom-e nom-i nom-eba

mi-ru mi-yo mi-ro mi-φ mi-reba

(2) 膠着による語形つくり

yama yama-ga yama-o yama-ni yama-e yama-to

boku boku-ga boku-o boku-ni boku-e boku-to

次に、音韻特徴として「母音調和」と「開音節性」についてとりあげる。はじめに、「母音調和」についてであるが、母音調和とは一定の言語単位内部における母音の共存に関する規則である。世界の言語のなかには同一の言語単位内では同一の母音、もしくは同系統の母音を用いるといった制限をもつ言語があり、ウラル語族やアルタイ諸語に特徴的な現象とみられている。日本語に母音調和をみとめるか否かについては見解がわかれており、みとめる立場においても奈良期に限定的な現象とされる。さらに、母音調和の具体的な現れかたにおいて、奈良期日本語とウラル語族やアルタイ諸語との間には多くの相違点があり、関連性については慎重に検討する必要がありそうだ。続いて、「開音節性」についてであるが、これは古代から現代にいたるまで日本語において通時的にみとめられる特徴といえる。英語などの閉音節言語と比較して、ほとんどの単語が―「ふね」/fune/、「うみ」/umi/のように―開音節によって構成されている。開音節性はオーストロネシア語族に広くみとめられる特徴とされ、日本語との関連性が指摘されることもあるが、単語の語構成のありかたが双方で異なっており、類似性は低いものとみられている。

以上に紹介したのは日本語の言語特徴の一端であるが、他の諸特徴を含めて考えても他言語との系統関係は現段階では定説をみない。一方、系統化の観点からは整理しにくい個別の現象をむしろ積極的に注視し、各言語のもつシステムのありのままを記述しようとする動向もある。先にもとりあげたように、現代日本語では名詞の語形変化の手続きは単語に接辞をつけることによる語形つくりを基本とする膠着システムをとり、動詞の語形変化の手続きは各単語の語尾のとりかえによる語形つくりを基本とする屈折システムをとるが、これらは現代日本語の名詞と動詞の語形変化の手続きについての記述から見えてきた言語特徴といえる。このような語形変化システムに関する記述を言語ごとに観察してみると、中国語のように原則的に名詞においても動詞においても語形変化をしない言語もあれば、英語のように名詞も動詞もともに膠着システムと屈折システムの双方をとりいれて語形変化をする言語もあるというように、各言語によって別個な方法がとられていることがわかる。

最後に、「多文化」を考える際に見過ごされがちな問題として、一般に○○語と呼ばれている個別の言語はそれぞれの内部に多様性を内包していることについても言及しておきたい。日本語は歴史的にみても、他言語との言語接触によって外来語がつくられたり、外来文化の影響を受けたりしており、「日本語」の内部にはすでに諸言語、諸文化との融合がみられ、多様な「地域」性が入り込んでいるといえる。また、現代日本語は「共通語」への画一化が進む一方で、今なお多様な地域のことばがあり、多様な集団のことばがあり、年齢や立場などによる多様な使い分けがある。このようにみてくると、日本語の内部には、すでに、パターン化されえない多様性が含まれているといえる。このような日本語の多様性への向き合いかたは「多文化」への向き合いかたを考えるうえでも示唆的である。

教科書の文章とパラフレーズ
――日常語・抽象語・背景知識・主体的な学び

鎌田　美千子

多文化共生に自分の力を少しでも役立てることができればと、外国人児童生徒への学習支援ボランティアを始める人が少なくない。日常会話ができるようになっても教科学習のためのことばの習得には時間がかかるため、外国人児童生徒が在籍する学校では、その橋渡しとして個別のサポートがなされている。一方で、子どもたちの「わからない」「難しい」という思いを受けてボランティアを始めた人からは、「自分のほうこそもっと学ばなければならないことに気がついた」という声をよく聞く。日本語が話せるからと言って、うまく教えられるとは限らない。まして学ぶことの喜びや大切さを伝えようと思えば決して片手間にできるものではない。それでも何か力になりたいならば、まずは教科書のことばを平易な表現に言い換えて伝えることから始めてみてはどうだろうか。

それなら自分にもできそうだと思った人に知っておいてほしいことがある。実際には、難易度の低い語に置き換えれば済むような単純な問題ではないからである。平易な表現に言い換えるとは、一体どのようなことなのだろうか。本章では、日本語教育の観点から筆者がこれまで取り組んできたパラフレーズ（言い換え）の教育研究をもとに、この問題について考えてみたい。

まず、日常語に関してである。日常会話でよく使われる語の中にも、わかりにくい語がある。その代表的なものが多義性を有する和語動詞である。例えば社会科教科書『新編 新しい社会5年上』（2015）には、「ももをつくる農家では、春先からよぶんな花や実をつんでしまいます。そうすることで、夏になると残った実が大きく育ち、味もあまくておいしくなります。機械でできない作業が多いので、とても手間がかかります」（傍点は筆者）という記述がある。この文章を日本語指導が終了して間もない外国人児童生徒を読み手に想定して書き換えるといった調査を大学生・教員を対象に行った際に、傍点部「つんで」に着目して「とって」と言い換えた回答者が少なくなかった。確かに「とる」は、日常生活でもよく使われる語であり、子どもたちもよく耳にする語である。しかし、ここで注意しなければならないのは、動詞「とる」には、多くの意味が含まれていることである。『広辞苑』第七版によると、①手ににぎりもつ、②つかんでそれまでの所から引き離し、または当方へ移しおさめる、③身に負い持つ、④えらび出す、⑤事物をつくり出す、⑥物事の内容をはかり知る、⑦ある所を占める、⑧遊戯・競技などを行う、⑨関係する、⑩（連用形が他の動詞の上に付いて）直接手をくだしてその行為を行きとどいたものにする意を表す。転じて、語調を整えるのにも用いる、とさまざまな意味がある。多くの意味を持つ語は、言い換える際になるべく使わないほうがよい。教科書の表現がどの意味で使われているかは、文脈から特定される。逆に言えば、書かれている内容がある程度わからないと該当する意味を特定しにくく、特に教科書のように新しく知ることが多く書かれている文章では、その度合いが高まる。加えて、教科書の他の箇所を見ると、動詞「とる」は、「天下をとる」のように日常会話とは異なる意味で使われている。このような特徴は、他の多義性を有する和語動詞にも同様に見られ、例えば動詞「もつ」が日常会話では「かばんをもつ」のように使われているのに対し、教科書では「長い歴史をもつ」のように対象が抽象的なものにも使われる。こうした点も見逃さずに意識しておきたい。

次に、抽象語に関してである。例を挙げると、小・中学校教科書でよく使われている語の一つに「影響」という語がある。読者の皆さんなら、どのように言い換えて伝えるだろうか。例えば社会科教科書『社会科 中学生の公民 より良い社会をめざして』（２０１６）には、「（小水力発電は、）身近な河川や農業用水路を利用して発電できることや、二酸化炭素の排出量が少なく環境への影響が少ないこと、さらに太陽光や風力に比べて気象による影響が小さく安定した発電が可能であることなどから、近年注目を集めています」（傍点は筆者）といった記述がある。「影響」の意味は、『広辞苑』第七版に「他に作用が及んで、反応・変化があらわれること。また、その反応・変化」と示されているが、実際には、この意味をそのまま伝えてもあまり効果が見込めない。むしろ何が何にどのような作用をもたらし、どのような変化がある（あった）のかを具体的に説明したほうがわかりやすいであろう。

さらに、背景知識にも留意しておきたい。ここでは、教科書の記述のうち以下の二つに注目する。一つは、日本での生活経験を前提とした記述である。社会科や理科の教科書には、抽象的な説明を補足するために、日本各地の暮らしや行事、日本の自然や四季に見られる事象をその話題に絡めて述べられている箇所がある。日本での生活経験を前提としたこれらの記述は、外国人児童生徒にはかえってわかりにくかったり誤読が生じやすかったりする。もう一つは、省略についてである。国語科以外の教科書では、各ページ見開きの限られたスペースに文章を収める関係上、主語や目的語、内容の省略が比較的多い。一見、短くて読みやすく見えても、背景知識が不十分だと省略されている情報を子ども自身では補えないことがある。多文化共生の観点から捉えれば、これら二点に関して、今後、改善の余地がある一方で、現状では、教える側が教科書の記述を複眼的に捉えて、文字として書かれていない情報を補う必要がある。上述した日常語、抽象語に関する留意点に加えて、日頃から子どもたちの日常に目を向けることで背景知識を補う上でのヒントが得られると思われる。

以上、日常語、抽象語、背景知識の三つを中心に、教科書のことばを言い換えて伝える上での着眼点を示した。言い換える方法は、さらに学習素材や子どもの日本語能力によってもさまざまである。本章で取り上げたのは、その一部に過ぎないが、教える側が目指すべきなのは、教科書のことばの理解にとどまらず、子ども自身が実際に応用できる知識を獲得して主体的に考えられるようになることである。子どもの理解にあわせて言い換えることは、その入り口にあたる。少し慣れてきたら、子ども自身が主体的に考えられるような問いや進め方を試みてほしい。考えたことを他者に伝え、他者の考えを理解し、さらに他者とともに考えを深めていく上でことばの役割は大きく、こうした過程でこそことばの力が育っていくと言える。教科書の母語訳のみで済ますことができない理由が、ここにある。このことは、パラフレーズ（言い換え）の際にも必要かつ重要な視点である。

多文化共生の理念と現実

マリー　ケオマノータム

総務省『多文化共生の推進に関する研究会報告書』（２００６）は、地域における「多文化共生」を「国籍や民族などの異なる人々が、互いの文化的ちがいを認め合い、対等な関係を築こうとしながら、地域社会の構成員として共に生きていくこと」と定義している。

かつてニューヨークは、多くの人種・民族が溶けあっていることのたとえとして「人種の坩堝」と呼ばれた。しかし、多くの人種・民族は融合しているのではなく、互いに住み分けしながら混在しているのが実態であるとの認識から「人種のサラダボウル」と呼ばれるようになった。では共生とはなにか。社会学者デュルケームは、社会すなわち人間の結びつきの原理を機械的連帯と有機的連帯に分けている。前者はすべて同じ大きさと形のピースからなるブロックパズル、後者は大きさも形も様々なピースからなるジグソーパズルのイメージである。前者は同質性、後者は異質性にもとづく結びつき。デュルケームは、近代社会の結びつきの原理を有機的連帯に求め、異質なもの同士がそれぞれに取り替えのきかない人間として結びつき、生かしあうことに新しい社会の希望を見出したのである。

共生は有機的連帯のイメージに近いことばである。もとより坩堝ではありえず、たんに混在しているサラダボウルでもなく、異質な文化的背景をもった人々がその違いを尊重し、異質ゆえに互いを生かしあい、共に生きるということ。グローバル化の進む社会の理念として、大いに共感できるところではある。では、現実はどうか。在日外国人の一人である私にとってもきわめて切実な問題である。

私が初めて日本に来たのは１９８２年だが、当時の日本は「国際化」が叫ばれるようになって間もないころだった。しかし、その中身はといえば、いまだ「英語」を代表とする欧米中心のものであった。実際はこの頃にはすでにアジアの女性たちが「興行」ビザで入国し、飲食業などで働く事態が進行していた。彼女たちは外国人が単純労働に従事することを禁じた日本の法律のもとで「不法」の存在であった。それゆえ人材の調達と管理には多くの場合、暴力団が関与し、女性たちは人身売買の対象となり、パスポートを取り上げられ、売春を強要されるなど、人権侵害にさらされていた。これが「じゃぱゆきさん」問題であり、ここには日本とアジアの関係の矛盾が集約されていた。

１９８０年代半ばになると、日本はバブル景気に沸き、日本とアジアとの経済格差は広がる一方となる。日本の若者は「きつい、汚い、危険」の「３K労働」を忌避するようになり、建設業や製造業の現場の人手不足を埋めるべく、東南アジア、西アジアから男性の出稼ぎ労働者が大量に流入した。彼らもまた「不法就労者」であった。

１９９０年になると「出入国管理及び難民認定法」（入管法）が改正され、日系外国人の単純労働への就労が合法化された。これにともないブラジルやペルーなど南米諸国から多くの日系人（３世・４世）が流入することになった。日系外国人のみを特例的に合法とする根拠は、日本人との「血」のつながりという説明がなされたが、国際的には理解されない理屈であった。

こうして日本には、オールドカマーと呼ばれる在日韓国・朝鮮人に加え、ニューカマーであるアジア系の「不法就労者」、そして日系外国人が住むようになった。その後、日本にいられなくなった「不法就労者」は減少したが、安価な労働力を求める産業界の要請は根強く、１９９３年には技能実習生制度が創設された。現在20万人ほどいる技能実習生は、法的には日本の技術を現場で学ぶ研修生だが、実質的には安価な期限付労働者であるとみることができる。一方、農村部を中心に、日本人の妻として日本に定住するアジア系外国人女性も増えている。

はたして日本は外国人にとって住みよい社会なのであろうか。オールドカマーの置かれた状況から振り返ってみよう。

在日韓国・朝鮮人の歴史は、1910年の韓国併合にはじまり、アジア・太平洋戦争、1948年の南北分裂、1950年に勃発した朝鮮戦争の混乱を経て、現在はその子孫、約33万人が「特別永住資格」を得て日本に住んでいる。韓国併合からは100年以上、朝鮮戦争の惨禍から数えてもゆうに50年以上の時間が流れており、彼らの多くが日本で生まれ育った3世、4世の世代となっている。では彼らを日本社会はどのように遇してきたのか。明治開国以来の日本人の西洋コンプレックス、その裏返しとしてのアジア蔑視の風潮のもとで、彼らは就職や婚姻などにおいて様々な差別にさらされ、多くは日本風の「通名」を名乗り、その出自を隠して生活することを余儀なくされてきた。近年では、ヘイトスピーチの標的となるなど、差別意識には根強いものがある。日本に永住し、納税など「国民」的義務を果たしている彼らに地方参政権すら認めていないのが日本の現状である。共生の定義に含まれる「対等な関係」の前提となる法制度の整備がいっこうに進んでいないのである。このようにオールドカマーへの処遇は、日本文化への「同化」と「排除」の論理に貫かれている。

そうであるならば、ニューカマーへの処遇も推して知るべしである。日系外国人は、非正規の派遣労働者として、各地を転々とする働き方を強いられてきた。日本での生活に見切りをつけ、すでに帰国した者も多い。また一所に定住したとしても、言葉をはじめとして、子どもの教育に大きな困難を抱えることになる。日本語を覚え、日本文化にあわせる以外にマイノリティの子どもたちが日本で生きていく道はない。「アジアの花嫁」たちもまたその多くは孤立した状況で日本的伝統の強く残る家族と地域に組み込まれることになる。行政的支援も同国人のネットワークも乏しい農村でマイノリティとして生きていくには、自ら進んで日本文化を学び、これにあわせていくしかないだろう。自ら進んでという意味では主体的だが、しかしそれはやはりマジョリティによって強いられた同化だといわざるをえない。

こうして日本社会の現状をみると、共生という理想の実現は、日暮れて道遠しの感が強い。結局は、目の前の課題にひとつひとつ取り組んでいくしかないのだろう。

外国人生徒への学びの場と進路の保障
――多文化共生を担う次世代支援

田巻　松雄

２０１８年１月７日（日）に宇都宮大学で「多言語による高校進学ガイダンス主催者交流会」が開催された。関東を中心とする様々な地域で多言語による高校進学ガイダンスに関わっている関係者が年一回集う情報・意見交換と交流の場である。栃木県では初めての開催である。進学ガイダンスは、主に日本語を母語としない外国人（籍）生徒を対象とするもので、高校入試や日本の教育制度等についての基本的かつ重要な情報を正確にわかりやすく伝えることを目的とする。高校進学を果たした先輩の体験談を通して外国人生徒の高校進学へのモティベーションを高めることも大きなねらいである。関係者に共通するのは、「外国人生徒に高校で学んでもらいたい」という強い想いである。

宇都宮大学国際学部は、ＨＡＮＤＳという名称のプロジェクトとして、進学ガイダンスを２０１０年度より継続的に実施してきた。大学が主体となって実施する進学ガイダンスは全国的にも稀と思われる。２０１７年度は、大田原市、栃木市と本学で実施した。日本語を含む９言語の資料を用意し、各言語の通訳者を通じて情報が提供される。本学のガイダンスでは、日本語能力ほぼゼロの状態で中学校の時に来日し、猛勉強を続け、今年度国際学部に見事に入学を果たした先輩の体験談もあった。多言語の児童生徒と保護者たちが、説明や体験談を真剣に聞き入っていた光景が思い起こされる。

日本人生徒の場合、高校進学率は99パーセント近く、ほぼ全員が高校に入学している。日本人生徒に比べて、外国人生徒の高校進学率ははるかに低い。この最大の原因は、高校受検で「適格者主義」が取られている為である。適格者主義とは、高校に入学するに相応しい学力を有する者を選抜するという考えであり、そのために日本語で実施される学力試験は、日本語を母語としない外国人生徒の進学の大きな壁となってきた。学力試験の点数が低いとしても、かれらの学力が低いとは限らない。確実なことは、母語としない日本語で学力を発揮することが難しいという事実である。

高校で学ぶことが出来るか否かは、将来のキャリア形成に大きな影響を与える。高校へ進学できなければ、外国人生徒は低学歴者として社会に参入することとなり、下層（底辺的市民層）になっていく可能性は極めて高くなる。高校に進学し、さらに大学などの高等教育で学ぶことが出来れば、かれらは二つの言語と文化を有する多文化的・グローバル人材として、日本と母国、日本人と母国にルーツを持つ人との懸け橋となり、日本の多文化共生社会推進に大きく貢献できるだろう。

外国人生徒の高校進学を支援するためには、適格者主義のような選別主義ではなく、進路を保障する（学ぶ場を与える）という発想への転換と実践が強く問われている。進路保障のための代表的な取り組みは、都道府県単位で実施されている特別定員枠の設定である。『日本語能力が十分でない子供たちへの教育について』（文部科学省、２０１６年3月22日）によれば、特別定員枠は12都道府県（北海道、福島、茨城、千葉、東京、神奈川、山梨、岐阜、愛知、三重、大阪、奈良）で設定されている。神奈川県の例を見ておこう。神奈川県で在県外国人等特別募集が設置されたのは１９９５年で、その時の対象校は1校であった。その後、徐々に拡大し、２０１８年度入試では13校が在県外国人等特別募集を行い、募集定員１４５人のところ、１３０人が合格した。「定員内不合格は出さない」方針がとられている。特別定員枠の設置と「定員内不合格は出さない」との方針で実施される入試は、受験時に日本語で学力を発揮できない状態でも、不適格者として入学を拒むのではなく、「積極的に受け入れて育てる」と言う強い精神に支えられている。特別定員枠の設定は、社会的に弱い立場に置かれている人々を政策的に優遇するアクティブ・アクションであり、合理的配慮と言い換えることも出来る。

「進路保障」を看板に掲げてはいないが、定時制と通信制の高校は、実質的に外国人生徒に学ぶ場を提供するうえで大きな社会的役割を果たしている。日本語指導を必要とする高校生２９１５人（２０１６年度）の課程別内訳は、定時制１５４７人（53.１％）、全日制

1351人（46.3％）、通信制17人（0.5％）となっている。日本語指導を必要とする生徒の半数以上が定時制で学んでいる現実がある。

外国人生徒の定時制や通信制への進学を促す要因として、第一に、定時制は学力の面からみて、全日制に比べて入学が容易である。通信制は、「いつでも、だれでも、どこでも」を標榜している。レポート、スクーリング（面接指導）、試験という三段階の学習によって単位を取得していく通信制の教育は、文字コミュニケーションを主体とするもので、外国人生徒にとっては高いハードルとなると言われてきた。しかし、通信制高校はレポートによる自学自習が中心のため、教員は生徒と一対一で向き合うことができ、「個別の対応が可能な通信制は外国につながる生徒の指導に向いている」との現場の声もある。

第二に、定時制・通信制では、年齢・生活環境・国籍等が多様な生徒が在籍しており、全日制高校のような学力主義・集団行動・画一的雰囲気が少なく、「学びやすい」学校文化や環境が存在することが大きく関係しよう。第三に、2005年前後から、外国人生徒を含む「多様な人材」の受け入れを使命と位置づける定時制・通信制高校が拡充してきたことがある。

私は、多文化共生に関する最も切実な問題として、外国人児童生徒の進学問題に関わってきた。低い高校進学率、高い高校中途退学率等の厳しい現実がある。理念としての多文化共生には共感できても、理念とは遠い現実があると嘆く人はいるかもしれない。しかし、進学ガイダンスにボランタリーに取り組む市民、高校への学びの場を保障しようとする行政関係者、教育現場で熱心に指導する教員がいる。私が出会ってきたかれらは外国人を同じ住民、連帯可能な市民として感じるマインドを強く持っていた。このようなマインドを持つ人々は確実に増えていくだろう。多文化共生社会実現に向けた取り組みは、まだ始まったばかりである。

おわりに

田巻　松雄

多文化共生の旅はいかがだったであろうか。多文化共生に関する諸々の現実や課題、展望などが少し具体的に見えてきただろうか。それとも、多文化共生に関する問題状況が次から次と見えてきてしまい、茫然としているだろうか。

学際性を特徴とする国際学部の教員の専門分野は実に多岐に及んでいて、それぞれの専門に引き付けて多文化共生が語られたわけで、なにはともあれ、多文化共生が関わるあるいは問われる事象の幅広さは実感できたのではないかと思われる。

多文化共生は、「多文化」と「共生」の造語であるため、異文化理解や文化的な課題として語られる傾向があるが、国際関係、政治、経済、法律、教育、心理、言語、文学、芸術、情報といった実に多様な領域に関係する問題である。また、一人一人の身近な人間関係、教育の現場、地域、国家、国際社会など、様々なレベルで問われている問題でもある。少なくともこの二点は、本書を通じて感じてもらえたと思う。

専門分野が多様な教員のエッセイを厳格な意味でカテゴリー別に分類することはそもそも難しいが、本書は、日本から旅出ち日本に戻ってくる構成となっている。その過程で、世界様々な地域の多文化共生に関する現実や課題に触れることになる。どのようなグローバルな問題であれ、まずは、今自分が立っているこの地点から現実を見て、考えていかなければならないからである。「外」もみて「内」もみる複眼的な視野が必要だ。この意味で、'Think Globally, Act Locally'（地球規模で考え、足元から行動せよ）という標語は多文化共生を考えていく際にも極めて重要だ。

さて、改組は、「国際社会及び地域社会の多文化共生に関する学際的研究を一層推し進める」ための改革として実施された。育成する人材は、グローバル化が進む中で、多文化共生についての専門的な知識・技術に加えてチャレンジ精神や豊かなコミュニケーション能力および行動力等を兼ね備えた「グローバルな実践力」を持った人材とした。そして、「グローバルな実践力」の基盤として多文化共生に関わる社会科学と人文科学が一体化した体系的な教育プログラムを教授することを軸に履修体系を一新した。

新しい履修体系のもとで新規開講された最も基礎的な科目が、「多文化共生概論」である。1年次生が前期に受講する必修科目である。この科目は、異なる文化や社会の在り方を尊重しつつ、グローバル化する世界の現状と課題を多文化共生の視点から考えていくための基礎的知識と、国際社会の課題解決に積極的に関与し貢献しようとする関心・意欲・主体性を醸成することを目的として、初年度は6名の教員によるオムニバス方式で行った。教員と学生によるこの授業の振り返りは、国際学部附属多文化公共圏センター年報第10号(2018年3月)に特集として掲載されている。

この文章を書いている2018年4月、改組2年目の新入生がこの授業を受講している。初回授業に対する学生の感想からは、多文化共生について学ぶことへの期待と気合が強く伝わってくる。「国際学部だからという理由で海外体験や語学だけを重視して学ぶのではなく、文化や政治、経済などの面から、多文化共生を大切にして国際的なことを学んでいきたい」、「多様な背景を持った先生方から様々な見方の『多文化共生』を学ぶ事がとても楽しみ。国際学部は海外のイメージが強いが、地域社会を通じて国際理解、多文化共生を探求することが可能であることに興味が沸いた」、「私は多文化共生という言葉が好きです。今日の講義で、多文化共生という考えには、文化面だけではなく、経済面、政治面を含めた考え方をしなければならないことを知りました。これから多文化共生について様々な視点から学ぶことが出来ると思うと楽しみです」。

多文化共生に関する課題は多いが、その課題解決に向けて考え行動していく人は確実に増えていくだろう。本書が多文化共生についての学びの一つの拠り所となればとても嬉しい。

shimotsuke shimbun-shinsho

下野新聞新書 12

多文化共生《たぶんかきょうせい》をどう捉《とら》えるか

宇都宮大学国際学部　編

平成 30 年 10 月 17 日　初版　第 1 刷発行
令和　5 年　1 月 18 日　初版　第 2 刷発行

発行所：下野新聞社
〒 320-8686 宇都宮市昭和 1-8-11
電話 028-625-1135（出版直通）
https://www.shimotsuke.co.jp

印刷・製本：株式会社シナノパブリッシングプレス
装丁：デザインジェム
カバーデザイン：BOTANICA

ISBN978-4-88286-710-4　C0236